Brecon
Aberhonddu

IN OLD PHOTOGRAPHS
MEWN HEN LUNIAU

A parade, probably after a civic service in the Cathedral, turning off Priory Bridge and heading southwards along Struet, *c.* 1910. There are scouts in the foreground, followed closely by the Church Lads' Brigade.

Gorymdaith, yn dilyn gwasanaeth dinesig yn yr Eglwys Gadeiriol yn ôl pob tebyg, yn troi oddi ar Bont y Priordy ac yn mynd i gyfeiriad y de ar hyd y Struet, tua 1910. Gwelir Sgowtiaid ym mlaen y llun wedi'u dilyn gan Frigâd y 'Church Lads'.

Brecon
Aberhonddu

IN OLD PHOTOGRAPHS
MEWN HEN LUNIAU

Collected by
BRECKNOCK MUSEUM
Casglwyd gan
AMGUEDDFA BRYCHENINOG

Alan Sutton Publishing Limited
Phoenix Mill · Far Thrupp
Stroud · Gloucestershire

Published in collaboration with
Brecknock Museum

Cyhoeddwyd ar y cyd ag
Amgueddfa Brycheiniog

First published 1993
Cyhoeddwyd gyntaf ym 1993

Copyright © Brecknock Museum
Hawlfraint © Amgueddfa Brycheiniog

British Library Cataloguing in Publication Data
Manylion catalogio y Llyfrgell Brydeinig

Moore, David
Brecon in Old Photographs
I. Title
942.956

ISBN 0-7509-0364-3

Typeset in 9/10 Sabon.
Typesetting and origination by
Alan Sutton Publishing Limited.
Printed in Great Britain by
Redwood Books, Trowbridge.
Cysodwyd mewn 9/10 Sabon.
Cysodi a gwaith gwreiddiol gan
Alan Sutton Publishing Limited.
Argraffwyd ym Mhrydain Fawr gan
Redwood Books, Trowbridge.

Contents • Y Cynnwys

An historical pageant outside the east end of the Cathedral, 1934.

Pasiant hanesyddol y tu allan i ochr ddwyreiniol yr Eglwys Gadeiriol, 1934.

Introduction

In early 1993 Brecknock Museum staged the largest and most comprehensive exhibition of old photographs of Brecon ever seen in the town. This was to mark Brecon's 900th anniversary. The exhibition created a huge amount of interest, attracting many people into the Museum for the first time. It was therefore decided to turn the exhibition into a book, adding many more photographs. This collection of over 200 photographs is the result.

Most of the photographs included are from the Museum's extensive collection, which has been carefully built up over the years. The range and quality of shots, however, has been greatly enhanced by the inclusion of many prints in private hands from all over town.

The selection of these photographs has not been easy. The aim has been to illustrate as many aspects of local life as possible. The arrangement has therefore been thematic. Sometimes the large number of prints has made selection difficult; at other times the lack of good prints to illustrate a particular topic has caused problems. Whenever possible, too, shots including people have been selected to bring the book alive.

Land Army girls attend to horticultural activities behind Lion Street, with underground heating units being inspected, early 1940s. Presumably this installation was necessary to produce more food in wartime. The tourist information centre stands near this spot today.

Merched y 'Land Army' yn cymryd gofal o'r gweithgareddau garddwriaethol y tu ôl i Heol Cantreselyf, ar ddechrau'r 1940au, gydag unedau gwresogi tanddaearol yn cael eu harolygu. Mae'n siwr bod angen hyn i gynhyrchu bwyd adeg rhyfel. Saif y Ganolfan Croeso ger y man hwn heddiw.

On the face of it, the townscape of Brecon may not seem to have changed much in the last 150 years. Close inspection of the photographs, however, will reveal countless differences, particularly to shop fronts but sometimes to whole façades. Where appropriate, similar views – taken at different periods – have been arranged on the same page, or double page, to make comparisons easy (see, in particular, pp. 12–15, 24–7, 30, 32–5, and 84–5).

The loss of buildings of character or of good design is greater than might be imagined. Perhaps the greatest loss to the town was much of the north side of Ship Street in the 1960s (pp. 22–5), but other – perhaps startling – examples are Dr Coke's chapel (pp. 122 and 123), buildings to the north of St Mary's church (pp. 18–19) and also where Rich Way now joins Watton (p. 9). Lost industrial structures include the Priory Woollen Mill (p. 55), two station buildings (pp. 65 and 66), and an eighteenth-century iron furnace (p. 54). The County Gaol (p. 82) could easily have been demolished as well; fortunately it was converted into flats.

Brecon is fortunate in its photographers. Remarkably, the town was visited in the mid-1840s by a photography pioneer, almost certainly Calvert Richard Jones. The astonishing surviving negatives, the best prints from which are reproduced here, are a revelation. They extend the standard photographic record back by about twenty years. Many fine bowed shop front windows are revealed in High Street Inferior (pp. 14 and 17), top hats hanging outside one of them. The Shoulder of Mutton Inn is seen with its original front (p. 14) and there is an evocative view of the Guildhall (p. 12). A panoramic view of Ship Street, made up of two photographs, is reproduced in its entirety (pp. 22 and 23).

Later in the nineteenth century other good photographers recorded Brecon. Griffiths Studio, Watton, took some elegant photographs of the Barracks, c. 1867 (p. 84 and the top of p. 86). Robert Crawshay took some fine views of the Priory church, both inside and out, in the 1870s (pp. 116 and 117, top). Charles Smith Allen of Tenby took a number of shots of the Castle of Brecon Hotel between c. 1870 and 1890 (pp. 30, 46, 47, top). H. Hobbiss, of 18 Watton, produced some excellent group photographs from the 1870s to the 1890s, notably on p. 81, p. 88 (bottom), 89, 102 and 152. The ubiquitous Francis Frith – or members of his firm – took very competent shots of the town c. 1900 – pp. 33 (bottom), 34, 115. Well-known Builth Wells photographer P.B. Abery also had a base in Brecon in the 1890s and 1900s – pp. 67 (top), 142 (bottom), and 158 (bottom).

The first half of the twentieth century is dominated by the work of two local – and presumably rival – commercial photographers: O. Jackson, Wellington Studios, and J. Clark of 18 High Street Inferior. Both produced large quantities of 'postcard' photographs. The range of subjects that they covered is remarkably similar. Both, at their best, produced some memorable images (for example, Jackson's on pp. 18, 45, 63, 110, 129, 136, 148 (top); and Clark's on pp. 26, 27, 29, 39, 52, 60, 97, 112, 118, 128 (top), 155). Other examples by Jackson are on pp. 9, 16 (bottom), 19 (top), 24 (bottom), 72, 98 (bottom), 105 (bottom), 111 (top), 121 (bottom), 127, 128 (bottom), 130 (bottom), 133 (bottom), 138 (top), 145, 147 (top), 148 (bottom), 159 (bottom). Further examples by Clark are on pp. 36 (bottom), 37 (top), 55, 67 (bottom), 90 (bottom), 119 (bottom), 125 (bottom), 139 (bottom) and 159 (top).

Some of the most recent photographs included, particularly from the 1950s until *c*. 1970, are by Ray Rich of Beacons Studios. Many of those included here suggest a fascination with architecture, for example, on pp. 80 (top), 82, 122, 123 (top) and 125. Others included are on pp. 38 (top), 77, 78, 106 (bottom), 138 (bottom) and 150 (bottom).

It is hoped that this book will clearly demonstrate the importance of old photographs as a source for understanding local people, places and events in the past. It should stimulate memories for some, while providing insights into Brecon's recent history for others.

Cyflwyniad

Yn gynnar ym 1993 llwyfannodd Amgueddfa Brycheiniog yr arddangosfa fwyaf a mwyaf cynhwysfawr o hen ffotograffau o Aberhonddu a welwyd erioed yn y dref. Roedd hyn i nodi 900mlwyddiant Aberhonddu. Fe grewyd cryn ddiddordeb gan yr arddangosfa, gan ddenu llawer o bobl i'r Amgueddfa am y tro cyntaf. Penderfynwyd felly i droi'r arddangosfa yn llyfr, gan ychwanegu llawer mwy o ffotograffau. Canlyniad hynny yw'r casgliad hwn o dros 200 o ffotograffau.

Mae'r rhan fwyaf o'r ffotograffau sydd wedi'u cynnwys yn dod o gasgliad eang yr Amgueddfa, a grynhowyd yn ofalus dros y blynyddoedd. Fodd bynnag er mwyn gwella ar amrywiaeth ac ansawdd y lluniau cafodd nifer o brintiadau a oedd yn eiddo i bobl o bob ran o'r dref hefyd eu cynnwys.

Nid oedd dethol y ffotograffau yn hawdd. Anelwyd at ddangos cynifer o agweddau ar fywyd lleol â phosibl. Felly bu'r trefniant yn un thematig. Weithiau bu'n anodd dethol oherwydd nifer y printiadau; dro arall achoswyd problemau gan brinder printiadau da er mwyn darlunio testun arbennig. Hefyd, lle bo'n bosibl, dewiswyd lluniau yn cynnwys pobl er mwyn rhoi bywyd i'r llyfr.

Ar yr wyneb, nid yw'n ymddangos fod treflun Aberhonddu wedi newid rhyw lawer yn ystod y 150 mlynedd ddiwethaf. Fodd bynnag, bydd astudiaeth graff o'r ffotograffau yn datgelu nifer o wahaniaethau, yn arbennig i flaenau siopau ond weithiau i wyneb adeiladau cyfan. Lle bo'n addas, gosodwyd golygfeydd tebyg – a dynnwyd ar adegau gwahanol – ar yr un dudalen, neu dudalen ddwbl, er mwyn cymharu'n hawdd, (gweler yn arbennig dudalennau 12–15, 24–27, 30, 32–5, a 84–5).

Bu colli adeiladau o gymeriad neu gynllun da yn fwy nag y gellir ei ddychmygu. Hwyrach mai'r golled fwyaf i'r dref fu llawer o ochr ogleddol Heol y Defaid yn y 1960au (tudalennau 22–5), ond ceir enghreifftiau eraill – rhai ohonynt yn drawiadol – sef Capel Dr Coke (tudalennau 122 a 123), adeiladau i'r gogledd o Eglwys y Santes Fair (tudalennau 18–19) a hefyd lle mae Rich Way yn ymuno â'r Watton (tudalen 9). Mae'r adeiladweithiau diwydiannol a gollwyd yn cynnwys Melin Wlân y Priordy (tudalen 55), dau adeilad yr orsaf (tudalennau 65 a 66), a ffwrnais haearn o'r 18fed ganrif (tudalen 54). Gellid yn hawdd fod wedi dymchwel Carchar y Sir (tudalen 82) hefyd, ond yn ffodus, fe'i drawsnewidiwyd yn fflatiau.

Mae Aberhonddu yn ffodus yn ei ffotograffwyr. Mae'n nodedig fod arloeswr o ffotograffydd, mae bron y sicr mai Calvert Richard Jones ydoedd, wedi ymweld â'r dref ynghanol y 1840au. Mae'r negyddion syfrdanol sydd wedi goroesi, y mae'r printiadau gorau ohonynt wedi eu hatgynhyrchu yma, yn ddatguddiad. Maent yn dwyn y cofnodion ffotograffig safonol yn ôl ryw ugain mlynedd. Datgelir nifer o ffenestri blaengrwm cain i'r siopau yn Stryd Fawr Isaf (tudalennau 14 a 17), a hetiau uchel yn hongian y tu allan i un ohonynt. Gwelir Tafarn 'The Shoulder of Mutton' gyda'i flaen gwreiddiol (tudalen 14) ac fe geir golwg ryfeddol o Neuadd y Dref (tudalen 12). Atgynhyrchir golygfa eang o Heol y Defaid – sef dwy ffotograff gyda'i gilydd – yn ei chyfanrwydd (tudalennau 22 a 23).

Yn ddiweddarach yn ystod y 19eg ganrif cafwyd cofnodion o Aberhonddu gan ffotograffwyr da eraill. Tynnodd Griffiths Studios, Y Watton luniau urddasol o'r Gwersyll Milwrol tua 1867 (tudalen 84 a thop tudalen 86). Tynnodd Robert Crawshay olgfeydd braf o Eglwys y Priordy, y tu mewn a'r tu allan, yn y 1870au (tudalennau 116 a 117, top). Tynnodd Charles Smith Allen o Ddinbych y Pysgod nifer o luniau o Westy Castell Aberhonddu rhwng tua 1870 a thua 1890 (tudalennau 30, 46, a thop tudalen 47). Cynhyrchwyd rhai ffotograffau grŵp rhagorol o'r 1870au i'r 1890au gan H Hobbins, 18 Watton (ar dudalen 81, gwaelod tudalen 88, tudalennau 89 a 152). Tynnodd yr hollbresennol Francis Frith – neu aelodau o'i gwmni – luniau da o'r dref tua 1900 (tudalen 34, a thudalen 115). Roedd gan P B Abery, y ffotograffydd enwog o Lanfair ym Muallt, ganolfan yn Aberhonddu hefyd yn yr 1890au a'r 1900au (gweler top tudalen 67, gwaelod tudalen 142, a gwaelod tudalen 158).

Yn ystod hanner cyntaf yr 20fed ganrif roedd gwaith dau ffotograffydd masnachol lleol – a chystadleuol fwy na thebyg – yn flaenllaw iawn: O. Jackson, Wellington Studios, a J. Clark, 18 Y Stryd Fawr Isaf. Cynhyrchwyd nifer fawr o ffotograffau 'cerdyn post' gan y ddau. Mae amrywiaeth y testunau a gwmpaswyd ganddynt yn hynod o debyg. Cynhyrchodd y ddau, ar eu gorau, rai delweddau cofiadwy (er enghraifft, rhai Jackson ar dudalennau 18, 45, 63, 110, 129, 136, a thop tudalen 148; a rhai Clark ar dudalennau 26, 27, 29, 39, 52, 60, 97, 112, 118, top tudalen 128, a thudalen 155). Ceir enghreifftiau eraill gan Jackson ar dudalennau 9; gwaelod 16; top tudalen 19; gwaelod tudalen 29; tudalen 72, gwaelod 98; gwaelod 105; top 111; gwaelod 121; gwaelod 127, 128; gwaelod 130; gwaelod 133; top 138; 145, y ddau; 147, top; 148, gwaelod; 159, gwaelod. Ceir rhagor o enghreifftiau gan Clark ar dudalennau 36, gwaelod; 37, top; 55; 67, gwaelod; 90, gwaelod; 119, gwaelod; 125, gwaelod; 139, gwaelod; a 159, top.

Mae rhai o'r ffotograffau diweddar sydd wedi eu cynnwys, yn arbennig o'r 1950au hyd at tua 1970, gan Ray Rich o Beacons Studios. Mae nifer o'r rhai sydd wedi eu cynnwys yma yn awgrymu rhyw swyn gyda phensaernïaeth (er enghraifft, ar dudalennau 80, top; 82; 122; 123, top; a 125). Mae eraill ar dudalennau 38, top; 77; 78; 106, gwaelod; 138, gwaelod; a 150, gwaelod.

Gobeithio bydd y llyfr hwn yn dangos yn glir bwysigrwydd hen ffotograffau fel ffynhonnell i ddeall pobl, llefydd a digwyddiadau lleol yn y gorffennol. Fe ddylai ddwyn atgofion i rai, a rhoi golwg ar hanes ddiweddar Aberhonddu i eraill.

SECTION ONE
ADRAN UN

Street Scenes
Golygfeydd Stryd

Looking westwards along Watton towards St Mary's church and the Shire Hall, *c.* 1910. Note particularly the entrance, on far left, to William Edwards's Canal Wharf Steam Saw Mills.

Golygfa tua'r gorllewin ar hyd Watton, tuag at Eglwys y Santes Fair a Neuadd y Sir, tua 1910. Noder y fynedfa yn arbennig, ar y chwith, tuag at Felinau Ager William Edwards ar Lanfa'r Gamlas.

One of the earliest photographs of the north-east side of High Street Inferior, including the Guildhall, probably mid-1840s. It is likely that this was taken by the Welsh pioneer of photography, Calvert Richard Jones, who took several views in the town. The Guildhall was built in 1770 – replacing an earlier one of 1624 – largely at the joint expense of the County and Borough. Before the 1842 Shire Hall was built, the assizes, quarter sessions, town and county courts were held on the first floor. The fine display window in the building on the right was removed by 1900.

Un o'r ffotograffau cynharaf o ochr ogledd-ddwyreiniol Stryd Fawr Isaf, gan gynnwys Neuadd y Dref, fwy na thebyg ynghanol y 1840au. Mae'n debyg ei fod wedi ei gymryd gan yr arloeswr ffotograffiaeth o Gymro, Calvert Richard Jones, a gymerodd sawl golygfa o'r dref. Adeiladwyd y Neuadd yn 1770 – gan ddisodli un gynharach a adeiladwyd yn 1624 – yn bennaf wedi ei hariannu ar y cyd rhwng y sir a'r bwrdeistref. Cyn i Neuadd y Sir gael ei hadeiladu yn 1842, cynhaliwyd llysoedd y Brawdlys, y Chwarter Sesiwn a'r Llysoedd Sirol ar y llawr cyntaf. Tynnwyd y ffenestr arddangos wych yn yr adeilad ar y dde allan yn 1900.

The Guildhall, *c.* 1880, with a large crowd of assorted townsfolk posing for the photographer. In 1888 the fine open arcade and covered corn market was filled in. It had fallen into disuse as farmers preferred to do business at the principal inns.

Neuadd y Dref, tua 1880, gyda thyrfa fawr o wahanol bobl o'r dref yn sefyll yno i'r ffotograffydd. Yn 1888 llanwyd yr arcêd agored fawr a'r farchnad ŷd dan do i mewn. Nid oedd yn cael ei ddefnyddio gan fod yn well gan y ffermwyr gynnal eu busnes yn y prif dafarndai.

High Street Inferior, *c.* 1900. This clearly shows the new roof with raised pediment on the Guildhall. The entrance to the Victoria Inn, on the right, has been completely rebuilt since the 1840s.

Y Stryd Fawr Isaf, tua 1900. Mae'n amlwg yn dangos y to newydd gyda'r pediment wedi ei godi ar Neuadd y Dref. Mae'r fynedfa i Dafarn y Victoria, ar y dde, wedi ei ail-adeiladu'n llwyr ers y 1840au.

The earliest known photograph of part of the south-west side of High Street Inferior, probably by Calvert Richard Jones, mid-1840s. Mr Bright then ran the Medical Hall. The fronts of the other buildings were substantially different from the late nineteenth-century photograph opposite. There were some fine Regency style bowed shop windows and one building displayed a gable end with semicircular attic window. The building next to the Medical Hall was the birthplace of actress Sarah Siddons. Compare it with the 1934 photograph on p. 42.

Y ffotograff gynharaf yn ôl pob tebyg o ran o ochr dde-ddwyreiniol Stryd Fawr Isaf, fwy na thebyg gan Calvert Richard Jones, ynghanol y 1840au. Ar y pryd, Mr Bright oedd yn gyfrifol am redeg y Neuadd Feddygol. Roedd ffryntiadau'r adeiladau eraill gryn dipyn yn wahanol i'r ffotograff gyferbyn a dynnwyd ar ddiwedd y 19eg ganrif. Roedd yna ffenestri siâp bwaog gwych o steil Regency ac ar un adeilad roedd ffenestr atig hanner cylch ar ei dalcen. Yr adeilad drws nesaf i'r Neuadd Feddygol oedd man geni'r actores Sarah Siddons. Cymharwch hi â'r ffotograff yn 1934 ar dudalen 42.

A similar view of High Street Inferior, *c.* 1890. Some of the fronts have been changed substantially since the 1840s. The Medical Hall is now run by Mr Charles, and a splendid combined triple gas lamp and drinking fountain has been installed at the expense of Alderman William Games, a former mayor and local solicitor.

Golygfa debyg o Stryd Fawr Isaf, tua 1890. Mae rhai o'r ffryntiadau wedi newid yn sylweddol ers y 1840au. Erbyn hyn caiff y Neuadd Feddygol ei rhedeg gan Mr Charles ac mae'r lamp nwy driphlyg wych a'r ffynnon yfed wedi eu gosod ar gost yr Hynafwr William Games, cyn-faer a chyfreithiwr lleol.

Triumph after removal of the Games fountain and lamp standard from the centre of High Street Inferior, 1934.

Buddugoliaeth wedi tynnu ymaith ffynnon Games a'r lamp o ganol Stryd Fawr Isaf, 1934.

Looking towards High Street Inferior from Bulwark, 1930s. Note Brookes Brothers' Garage on the right with early petrol pump.

Wrth edrych tuag at Stryd Fawr Isaf o'r Gwrthglawdd, 1930au. Sylwer ar Garej y Brodyr Brookes ar y dde gyda'r pwmp petrol cynnar.

Buildings on the north-east side of High Street Inferior facing what was then Brecon Old Bank (now Lloyds Bank), probably by Calvert Richard Jones, mid-1840s. Note the top hats and jackets displayed outside the gentlemen's outfitters shop, with its fine bowed windows. This is now Matthews' jewellers, the building next door now being Your Price discount store.

Adeiladau ar ochr ogledd-ddwyreiniol Stryd Fawr Isaf yn wynebu'r hyn a oedd ar y pryd yn Hen Fanc Aberhonddu (Banc Lloyds erbyn hyn), ganol y 1840au, fwy na thebyg gan Calvert Richard Jones. Noder yr hetiau silc a'r siacedi a welir y tu allan i'r siop ddillad dynion, gyda'i ffenestri bwaog gwych. Dyma siop Matthews y gemydd erbyn hyn, a'r adeilad drws nesaf yw siop ddisgownt 'Your Price'.

Steeple Lane leading up to the north entrance of St Mary's church, *c*. 1920. Mayall's watchmakers and jewellers shop – on the left – was demolished shortly afterwards to open up the area in front of the church as far as High Street Inferior. Heins & Co. was a music shop, the owner being the Priory church organist. It is now a flower shop.

Heol Santes Fair yn arwain tuag at fynedfa ogleddol Eglwys Santes Fair, tua 1920. Dymchwelwyd siop glociau a gemwaith Mayall – ar y chwith – yn fuan wedyn er mwyn lledaenu'r rhan o flaen yr eglwys cyn belled â Stryd Fawr Isaf. Roedd Heins & Co yn siop gerdd, a'r perchennog oedd organydd Eglwys y Prior. Siop flodau ydyw erbyn hyn.

Buildings between St Mary's church
and High Street Inferior, which were
demolished *c*. 1920. On the left,
Rich's saddlers shop; on the right,
Mayall's, watchmaker and jeweller.

*Adeiladau rhwng Eglwys y Santes
Fair a Stryd Fawr Isaf, a
ddymchwelwyd tua 1920. Ar y
chwith, siop sadler Rich; ar y dde,
siop glociau a gemau Mayall.*

Creeper-clad Buckingham Place, *c*. 1900, from cobbled Glamorgan Street looking
towards Wheat Street. Parts of the house date from the sixteenth century.

*Plas Buckingham yn doreithog o ddringiedyddion, tua 1900, o ffordd gobl Heol Morgannwg
yn edrych tuag at Heol y Gwenith. Mae rhannau o'r tŷ yn dyddio o'r 16eg ganrif.*

Castle of Brecon Hotel, *c.* 1900, from the Ely Tower of the castle. Established in the early nineteenth century by the Morgan family of Tredegar Park, it became an important starting point for long distance coaches.

Gwesty Castell Aberhonddu, tua 1900, o Dŵr Ely Daeth y gwesty hwn, a sefydlwyd ar ddechrau'r 19eg ganrif gan Forganiaid Parc Tredegar, yn fan cychwyn da i goetsys pellter hir.

The south end of Struet, *c.* 1910, with, on the right, a horse and trap emerging from High Street Superior and, to the left of the chemist's shop, Lion Street and the Green Dragon Temperance and Commercial Hotel.

Ochr ddeheuol Struet, tua 1910, gyda cheffyl a thrap ar y dde yn dod o Stryd Fawr Uchaf ac, i'r chwith o siop y fferyllydd, Heol Cantreselyf a Gwesty 'Dirwest a Masnach' Y Ddraig Werdd.

Looking northwards along Struet, *c.* 1900. The Angel Hotel is now the RAFA Club and the shop on the right a bookshop.

Gan edrych tua'r gogledd ar hyd Struet, tua 1900. Clwb y RAFA yw Gwesty'r Angel erbyn hyn a siop lyfrau yw'r siop ar y dde.

Panoramic view looking up Ship Street from the end of the Usk Bridge. Almost certainly the earliest photograph of the street, it is made up from two separate shots probably taken by Calvert Richard Jones in the mid-1840s. There are wheelbarrows and other goods outside Hodge's and Wright's hardware store. Beyond it, the tall elegant building was the Bear Hotel.

*Golygfa yn edrych i fyny ar Heol y Defaid o ben Pont Wysg. Dyma bron yn sicr yw'r
ffotograff gynharaf o'r stryd. Mae yma ddwy ffotograff ar wahân wedi eu tynnu, fwy na
thebyg, gan Calvert Richard Jones ynghanol y 1840au. Mae yna sawl berfa a nwyddau
eraill y tu allan i siop caledwedd Hodge a Wright. Y tu hwnt iddi, Gwesty'r Arth oedd
yr adeilad gwych, tal.*

Damage exposing the medieval half-timbering of the jettied building at the corner of Ship Street and High Street Superior, 1950s. It was then occupied by Mayalls, the jewellers. As late as the 1950s men would stand at this point hoping to be hired for work.

Difrod yn datgelu'r hanner-coed canoloesol o'r adeilad ar gornel Heol y Defaid a Stryd Fawr Uchaf, 1950au. Ar y pryd Mayall y gemydd oedd yn yr adeilad. Byddai dynion, hyd yn oed mor ddiweddar â'r 1950au, yn sefyll yma yn y gobaith o gael eu hurio am waith.

Looking westwards down Ship Street, *c.* 1910. The character of the street was drastically altered in the 1960s when the buildings on the right were demolished, partly to make way for the new library. The wooden figure supporting the upper storey of the shop on the right hand corner is now in Brecknock Museum. The Six Bells Inn stands further down on the right.

Gan edrych tua'r gorllewin i lawr Heol y Defaid, tua 1910. Newidiwyd cymeriad y stryd yn syfrdanol yn y 1960au pan ddymchwelwyd yr adeiladau ar y dde, yn rhannol er mwyn creu lle i'r llyfrgell newydd. Mae'r ffigur pren sy'n cynnal llawr uwch y siop ar y gornel dde i'w weld yn Amgueddfa Brycheiniog erbyn hyn. Saif Tafarn y Six Bells ymhellach i lawr ar y dde.

A close up of the shop fronts of buildings demolished along the north side of Ship Street, 1950s. The traffic sign has been replaced by traffic lights. The striped poles jutting from the building marked a barbers shop.

Ffotograff agos o ffryntiadau adeiladau a ddymchwelwyd ar hyd ochr ogleddol Heol y Defaid, 1950au. Disodlwyd yr arwydd traffig gan oleuadau traffig. Roedd y polion streipiog oedd yn ymwthio o'r adeilad yn nodi siop barbwr.

Ship Street, 1930s. What was the Bear Hotel in the 1840s is now the West Breconshire Farmers' Association building, with a completely new ground floor front. Beyond this are the buildings cleared for the new library, which opened in 1969.

Heol y Defaid, 1930au. Mae'r adeilad a oedd yn Westy'r Arth yn y 1840au erbyn hyn yn gartref i Gymdeithas Ffermwyr Brycheiniog gyda ffrynt newydd sbon ar y llawr gwaelod. Y tu hwnt i hyn mae'r adeiladau a gliriwyd ar gyfer y llyfrgell newydd a agorwyd yn 1969.

View from the top of Watton towards St Mary's church and the Bulwark, *c.* 1920. The Shire Hall, built in 1842 (and now the Museum), is to the left. Watton Mount is just out of sight on the right. The massive curving wall was removed shortly afterwards to widen the road.

Golygfa o ben y Watton tuag at Eglwys y Santes Fair a'r Gwrthglawdd, tua 1920. Mae Neuadd y Sir, a adeiladwyd yn 1842 (sef yr Amgueddfa erbyn hyn), i'r chwith. Mae Watton Mount, sydd allan o'r golwg, ar y dde. Dymchwelwyd y mur enfawr crwm yn fuan wedyn er mwyn lledu'r ffordd.

The same view towards the Shire Hall after road widening necessitated the demolition of the wall, 1920s. A fine new pavement has also been constructed.

Yr un olygfa tuag at Neuadd y Sir ar ôl dymchwel wal oherwydd bod y ffordd yn cael ei lledu yn y 1920au. Mae palmant newydd hefyd wedi cael ei adeiladu.

Orchard Street westwards towards Newgate Street, Llanfaes, with children playing, c. 1900.

Heol y Berllan i'r gorllewin tuag at Heol Newgate, Llanfaes, gyda phlant yn chwarae, tua 1900.

Bridge Street, Llanfaes, towards the Usk Bridge, c. 1910. The delivery carts presumably belonged to W. Morris, the grocer. The New Greyhound Coffee Tavern advertises 'Good Stabling'.

Heol y Bont, Llanfaes, tuag at Bont Wysg, tua 1910. Mae'n siwr bod y certiau cludo yn eiddo i W Morris, y groser. Mae'r Dafarn Goffi y 'New Greyhound' yn hysbysebu 'Good Stabling'.

SECTION TWO
ADRAN DAU

The Riverside
Glan yr Afon

Turbulent floodwaters at the Usk Bridge, 27 December 1924.

Llifogydd wrth Bont Wysg, 27 Rhagfyr, 1924.

The confluence of the rivers Honddu and Usk, looking towards the castle, *c.* 1870. The stone bridge over the Honddu is a reconstruction of the more elegant version destroyed in the 1853 flood. After further serious flood damage in 1873 the bridge was replaced by an iron structure.

Cydlifiad afonydd yr Honddu a'r Wysg, gan edrych tuag at y castell, tua 1870. Adluniad yw'r bont garreg dros yr Honddu o fersiwn fwy cain a ddinistriwyd yn ystod llifogydd 1853. Yn dilyn difrod gan lifogydd pellach yn 1873, dymchwelwyd y bont gan osod fframwaith haearn yn ei lle.

The confluence of the rivers Honddu and Usk, looking towards the castle, *c.* 1890. This photograph by Charles Allen – who also took the earlier view (above) – shows the iron replacement bridge together with landscaping improvements along the Promenade.

Cydlifiad afonydd yr Honddu a'r Wysg, gan edrych tuag at y castell, tua 1890. Mae'r ffotograff hon gan Charles Allen – a gymerodd yr olygfa gynharach hefyd (uchod) – yn dangos y bont haearn newydd ynghyd â gwelliannau tirweddu ar hyd y Promenâd.

The mill from the Honddu Bridge, Watergate, with castle beyond, *c.* 1920.

Y felin o Bont Honddu, Porth Dŵr, gyda'r castell yn y pellter, tua 1920.

Christ College across the Usk from Captain's Walk, *c.* 1900, showing, to the right of centre, the 1860s School House block by J.P. Seddon and John Pritchard. Beyond the octagonal kitchen is the 1882 block by J.B. Fowler. The building on the river bank, on the left, was for a time an orphanage. St David's church, Llanfaes, may be seen in the distance, far left. Today, owing to the growth of trees and bushes, it is difficult to obtain this view.

Coleg Crist ar draws yr Wysg o Rodfa'r Capten, tua 1900, yn dangos bloc Tŷ'r Ysgol i'r dde o'r canol a adeiladwyd yn y 1860au gan J.P. Seddon a John Pritchard. Tu hwnt i'r gegin wyth ochrog mae'r bloc 1882 gan J.B. Fowler. Roedd yr adeilad ar lan yr afon ar y chwith ar un adeg yn gartref i blant amddifad. Gellir gweld Eglwys Dewi Sant, Llanfaes yn y pellter, i'r chwith. Heddiw, oherwydd y coed a'r perthi mae'n anodd gweld yr olygfa hon bellach.

View from the castle across the Usk towards Christ College, *c.* 1870. The Gothic School House by J.P. Seddon and John Pritchard had only recently been completed.

Golygfa o'r castell ar draws yr Wysg tuag at Coleg Crist, tua 1870. Dim ond ychydig cyn hynny y cwblhawyd adeiladau gothig Tŷ'r Ysgol gan J.P. Seddon a John Pritchard.

The tree-lined promenade looking eastwards towards the early sixteenth-century Buckingham Tower of St Mary's church, *c.* 1900. The fabric of the Usk bridge also originated in the sixteenth century but was enlarged around 1800.

Y rhodfa goediog, tua 1900 yn edrych tua'r dwyrain tuag at Dŵr Buckingham Eglwys y Santes Fair a adeiladwyd ar ddechrau'r 16eg ganrif. Mae pont yr Wysg hefyd yn dyddio o'r 16eg ganrif ond fe'i lledwyd tua 1800.

A stroll on the Promenade, *c.* 1900.

Mynd am dro ar y Rhodfa tua 1900.

Trees lining the Promenade stand defiantly from the Usk floodwaters, December 1924.

Coed yn sefyll yn dalog ar hyd y Rhodfa rhag llifogydd yr Wysg, Rhagfyr 1924.

A boat is held fast at a Bridge Street doorway during 1960s flooding. The shop front to the left of it has changed since the photograph below.

Cwch wedi'i ddal mewn drws ar Stryd y Bont yn ystod llifogydd y 1960au. Mae tu blaen y siop i'r chwith wedi newid ers y ffotograff isod.

A crowd gathers to see floodwaters in Bridge Street, *c.* 1930.

Tyrfa yn ymgasglu i weld y llifogydd yn Stryd y Bont, tua 1930.

Ice and snow along the weir and on Newton Pool, January 1917.

Rhew ac eira ar hyd y gored ac ar Bwll Newton, Ionawr 1917.

Dinas Row cottages, *c.* 1950. Now demolished, they used to be flooded regularly. They stood on the west bank of the Usk – which runs behind them – just down from the bridge.

Bythynnod Rhes Dinas, tua 1950. Wedi'u dymchwel erbyn hyn, roeddent yn dioddef llifogydd yn aml. Roeddent yn sefyll ar lan orllewinol yr Wysg – sy'n rhedeg y tu ôl iddynt – yn is na'r bont.

The truncated remains of the railway viaduct across the Honddu, late 1960s, with Pen y Fan beyond. The viaduct stops abruptly on the right, allowing a better view of the castle.

Gweddillion y rheilffordd dros yr Honddu, 1960au, gyda Pen y Fan yn y cefndir. Mae'r bontffordd yn dod i ben yn sydyn ar y dde, gan roi gwell golwg o'r castell.

A bus that careered through the Tarell Bridge parapet and came to rest on the shallow river bed, early 1940s.

Bws a ruthrodd drwy barapet Pont Tarell gan ddod i orffwys ar wely'r afon fas, 1940au cynnar.

SECTION THREE
ADRAN TRI

Trade

Masnach

Burford-Cleveland tractors, imported from the United States, outside Elston's Garage, Struet, *c.* 1917. There was a big demand for tractors in early 1917 due to a shortage of horses for agricultural use. Tractors were loaned to farmers through local War Agricultural Committees and there was an active policy of encouraging farmers to plough pasture to produce crops. Harold Elston stands in the doorway, second from left.

Tractorau Burford-Cleveland a fewnforiwyd o'r Unol Daleithau y tu allan i Garej Elston, Y Struet, tua 1917. Roedd galw mawr am dractoriaid yn gynnar yn 1917 o ganlyniad i brinder ceffylau at ddefnydd amaethyddol. Benthyciwyd tractoriaid i ffermwyr drwy Bwyllgorau Amaeth y Rhyfel ac roedd polisi gweithredol o annog ffermwyr i aredig tir pori i gynhyrchu cnydau. Saif Harold Elston yn y drws, yr ail o'r chwith.

Brookes Brothers' bicycle and motorcycle shop, Bulwark, 1930s.

Siop feiciau a beiciau modur y Brodyr Brookes, y Gwrthglawdd 1930au.

Water-cooled stationary engines at Coppage & Son's agricultural machinery stand, Brecon Show, 1911. The drive belts stretching out to the right must have powered a variety of barn machinery similar to that shown below.

Peiriannau ar stondin beiriannau amaethyddol Coppage a'i Fab, Sioe Aberhonddu, 1911. Rhaid bod y beltiau gyriant ar y dde wedi gyrru amrywiaeth o beiriannau yn debyg i'r un isod.

The Coppage & Son's stand at the old county show ground, Trenewydd, near St David's church, Llanfaes, *c.* 1920. Belts from engines – under cover – are driving a corn mill and a chaff cutter. Houses were later built on the showground.

Stondin Coppage a'i Fab ar faes yr hen sioe sirol, Trenewydd, ger Eglwys Dewi Sant, Llanfaes, tua 1920. Mae beltiau peiriannau – o dan orchudd – yn gyrru melin ŷd a thorrwr us. Yn ddiweddarach adeiladwyd tai ar faes y sioe.

The Shoulder of Mutton Inn and Siddons Wine and Spirit Vaults, High Street Inferior, 1934. The small notice by the door invites visitors to 'inspect the birthplace of Sarah Siddons'. She was born there on 5 July 1755. Notices in the window advertise the Brecon Festival production of *The Immortal Siddons* at the Guildhall, very appropriately on 5 July. Compare this with the central building in the mid-1840s photograph on p. 14.

Tafarn y Shoulder of Mutton – a Siop Gwin a Gwirodydd Siddons – y Stryd Fawr Isaf, 1934. Mae'r nodyn bach wrth y drws yn gwahodd ymwelwyr i 'ymweld â man geni Sarah Siddons'. Fe'i ganed yno ar 5ed Gorffennaf 1755. Mae hysbysebion yn y ffenest yn hysbysebu Cynhyrchiad Gŵyl Aberhonddu o The Immortal Siddons *yn Neuadd y Dref, ar y 5ed Gorffennaf. Cymharwch hwn gyda'r adeilad canolog yn ffotograff y 1840au ar dudalen 14.*

Staff outside Jones's grocers shop, Free Street, *c.* 1890. The premises were later occupied by Norman's boot factory. Today it is an antique shop.

Y staff y tu allan i siop groser Jones, Heol Rydd, tua 1890. Cymerodd ffatri esgidiau Norman y lle drosodd yn ddiweddarach. Siop hen bethau ydyw heddiw.

A stunning display of advertisements, magazines and newspaper headlines at D.H. Evans's grocers, tobacconists and newsagents shop, Orchard Street, Llanfaes, 1929. The Welsh edition of the *Daily Herald* was covering the build-up to the election in Brecon. Labour did win, but only by a small majority (see p. 129).

Arddangosfa drawiadol o hysbysebion, cylchgronau a phenawdau papur newydd yn siop groser, tybaco a phapur newydd D.H. Evans, Heol y Berllan, Llanfaes, 1929. Roedd argraffiad Cymreig y Daily Herald yn dilyn hynt yr etholiad yn Aberhonddu. Enillodd Llafur ond dim ond gyda mwyafrif bach (gweler tudalen 129).

Morris's tobacconist and grocers shop, 17 Bridge Street, 1910. Tea must have been a strong line. Vic Morris stands outside.

Siop dybaco a groser Morris, 17 Stryd y Bont, 1910. Mae'n siwr fod te yn gwerthu'n dda yno. Saif Vic Morris y tu allan.

Guests relaxing in the garden of the Castle of Brecon Hotel, 1870s. Established in the early nineteenth-century by the Morgans of Tredegar Park, the ballroom had magnificent tall Gothic Revival windows. These were removed during later alterations.

Gwestai yn ymlacio yng ngardd Gwesty Castell Aberhonddu, 1870au. Sefydlwyd ar ddechrau'r 19eg ganrif gan deulu Morgan o Barc Tredegar, roedd gan y ddawnsfa ffenestri trawiadol o uchel yn null yr Adfywiad Gothig. Tynnwyd hwy oddi yno yn ystod cyfnod o newidiadau.

Taken at the same time as the photograph opposite, this view shows the corner of the gardens enclosed by the remaining creeper clad wall of the castle's thirteenth-century great hall and its adjoining octagonal tower. A large glasshouse leant against this wall. Steep wooden steps lead romantically up into the tower.

Tynnwyd ar yr un adeg â'r llun gyferbyn, mae'r olygfa hon yn dangos cornel y gerddi wedi'u hamgáu gan y wal a orchuddiwyd gan ddringiedydd oedd yn rhan o neuadd fawr a thŵr wyth ochrog y castell yn dyddio o'r 13eg ganrif. Roedd tŷ gwydr mawr yn sefyll yn erbyn y wal hon. Mae grisiau pren serth yn arwain at y tŵr.

Jane, the lady gardener at the Castle of Brecon Hotel, sweeping the lawn, *c.* 1900.

Jane, garddwraig Gwesty Castell Aberhonddu, yn sgubo'r lawnt, tua 1900.

Sharing a single old shop front at 19 High Street Superior are, on the left, The Chocolate Box tobacconist and sweet shop and, on the right, Johnson's cleaners, *c.* 1970. Back in 1843 this building was the birthplace of Frances Elizabeth Hoggan, the first British lady to become, in 1870, a doctor of medicine.

Yn rhannu hen siop yn 19 Stryd Fawr Uchaf, mae, ar y chwith, The Chocolate Box, siop dybaco a melysion ac ar y dde, Johnson's y glanhawyr, tua 1970. Yn 1843, yr adeilad hwn oedd man geni Frances Elizabeth Hoggan, y ferch gyntaf ym Mhrydain i ddod yn feddyg a hynny yn 1870.

Hardware shop on the north side of Watton, at the junction with Little Free Street, *c.* 1900. This is now the Paris Guest House.

Siop galedwedd ar ochr ogleddol y Watton, ar y gyffordd â Heol Rydd Fach, tua 1900. Hwn bellach yw Gwesty Paris.

SECTION FOUR
ADRAN PEDWAR

Livestock
Anifeiliaid Fferm

Livestock market, *c.* 1910, with horse-drawn carts in foreground.

Marchnad anifeiliaid fferm, tua 1910, gyda chertiau wedi'u tynnu gan geffylau yn y blaendir.

A horse fair, Bridge Street, Llanfaes, 1934.

Ffair geffylau, Heol y Bont, Llanfaes 1934.

Horses being led down Bulwark, *c.* 1920.

Ceffylau yn cael eu harwain ar hyd y Gwrthglawdd, tua 1920.

Staff outside the slaughterhouse, *c.* 1915, with the tools for the job, including, third from the left, a poleaxe.

Staff y tu allan i'r lladd-dy, tua 1915, gyda'r offer ar gyfer y gwaith, gan gynnwys bwyell cigydd, y trydydd o'r chwith.

Industry
Diwydiant

David Quarrell attending to the 1940s Cossar flat-bed printing press, Dan-y-Gaer Road, 1992, before a print run of the *Brecon and Radnor Express*. The newspaper ceased to be printed in Brecon on 26 August of that year. The press was dismantled a year later.

David Quarrell wrth y wasg argraffu Cossar o'r 1940au, Heol Dan-y-Gaer, 1992 cyn argraffiad o'r Brecon and Radnor Express. *Daeth argraffu'r papur yn Aberhonddu i ben ar 26ain Awst y flwyddyn honno.*

The old furnace, c. 1900, near Forge Farm, in the Honddu Valley, north of Brecon, showing the cast-iron lintels of the tapping and blowing arches. It was established in the 1720s, taking advantage of an existing mill site with plentiful wood for making the necessary charcoal. The furnace has now been demolished.

Yr hen ffwrnais, tua 1900, ger fferm y Forge, yng nghwm Honddu, i'r gogledd o Aberhonddu, yn dangos y linteli haearn bwrw o'r bwaon tapio a chwythu. Fe'i sefydlwyd yn y 1720au, gan gymryd mantais o safle melin oedd yno gyda digonedd o goed er mwyn gwneud y golosg angenrheidiol. Mae'r ffwrnais bellach wedi'i dymchwel.

Lime kilns on the bank of the canal near Brecon, 1970s. Originally owned by the Brecknock and Abergavenny Canal Company, they were connected by a branch tramway to the Hay tramroad in 1817. This crossed the canal by a drawbridge.

Odynnau calch ar lan y gamlas ger Aberhonddu, 1970au. Yn perthyn yn wreiddiol i Gwmni Camlas Brycheiniog a'r Fenni, roeddent wedi'u cysylltu â thramffordd i ffordd dramiau'r Gelli yn 1817. Roedd hon yn croesi'r gamlas wrth y bont godi.

Priory Woollen Mill at the bottom of Priory Hill, Easter 1914. By the 1920s there were six woollen mills in Breconshire. By 1939 there were only two, both near Llanwrtyd.

Melin Wlân y Priordy ar waelod Tyle'r Priordy, Pasg 1914. Erbyn y 1920au roedd chwe melin wlân ym Mrycheiniog. Erbyn 1939 dim ond dwy oedd ar ôl, ger Llanwrtyd.

Mr E.W. Lumley hanging woollen cloth on a tentering frame to strain it while drying, Priory Woollen Mill, *c*. 1930. This process also had a bleaching effect on the cloth.

Mr E.W. Lumley yn hongian lliain gwlân ar ffrâm ymestyn er mwyn ei straenio tra'n sychu, Melin Wlân y Priordy, tua 1930. Roedd effaith cannu i'r broses hon hefyd.

Carding machines, Priory Woollen Mill, *c.* 1910. These disentangled the fibres – an important determinant of cloth quality – before spinning. The original water-powered carding machines, dating from the eighteenth century, were a vital factor in the change from domestic to factory production.

Peiriannau cribo, Melin Wlân y Priordy, tua 1900. Roedd hyn yn datod y ffibrau – oedd yn bwysig wrth benderfynu ansawdd y lliain – cyn ei nyddu. Roedd y peiriannau cribo gwreiddiol oedd yn cael eu gyrru a dŵr – oedd yn dyddio o'r 18fed ganrif – yn ffactor hanfodol yn y newid o gynhyrchu cartref i gynhyrchu ffatri.

The spinning machine, Priory Woollen Mill, *c.* 1910. To provide a firm thread for weaving, loose slivers were drawn out and twisted. This machine had 200 spindles and could be stretched out to cover a floor space of 60 ft by 10 ft.

Y peiriant nyddu ym Melin Wlân y Priordy, tua 1910. Er mwyn darparu edau gryf ar gyfer nyddu, tynnwyd darnau rhydd allan a'u troi. Roedd gan y peiriant hwn 200 o werthydoedd a gellid ei ymestyn dros lawr oedd yn mesur 60 troedfedd wrth 10 troedfedd.

The tannery site to the north of the Llanfaes side of the Usk bridge, *c.* 1970. It was a large tannery and the stone buildings on the left, together with that on the right and the elegant chimney behind it, would all have been part of the works. It closed in 1909, although the curing of skins continued into the 1930s. More recently Wool Producers of Wales used it to grade and store wool. Some of the buildings have now been demolished to make way for the new doctor's surgery.

Safle'r tanerdy, i'r gogledd o ochr Llanfaes i bont yr Wysg, tua 1970. Roedd yn danerdy mawr ac roedd yr adeiladau carreg ar y chwith ynghyd â'r un ar y dde a'r simne y tu ôl iddo, yn rhan o'r gweithfeydd. Caeodd yn 1909, er y parhawyd â'r gwaith o drin crwyn tan y 1930au. Yn fwy diweddar defnyddiwyd y safle gan Gynhyrchwyr Gwlân Cymru er mwyn graddio a storio gwlân. Mae rhai o'r adeiladau bellach wedi'u dymchwel er mwyn gwneud lle ar gyfer meddygfa newydd.

Brecon electricity generating station, Canal Road, 1934.

Gorsaf cynhyrchu trydan Aberhonddu, Heol y Gamlas, 1934.

Interior of the *Brecon and Radnor Express* printworks, Dan-y-Gaer Road, *c.* 1910. At the back is a hand fed flat-bed printing press. Just in front of it, on the left, is a machine to produce metal type. The small compartments in wooden trays would have contained metal type.

Tu mewn i weithfeydd argraffu'r Brecon and Radnor Express, *ffordd Dan-y-Gaer tua 1910. Yn y cefn gwelir gwasg argraffu wastad. O'i blaen ar y chwith, gwelir peiriant i ddarparu teip metel. Byddai'r adrannau bach yn yr hambyrddau pren wedi dal teip metel.*

Brown's, hauliers of Defynnog, transporting a huge oak trunk into Brecon railway yard, *c*. 1895. Cut down on Penpont Estate, the trunk was made into a beam from which hung 'Big Ben', the famous bell in the clock tower of the Houses of Parliament. A wheel on this carriage collapsed at the top of Ship Street, causing a blockage for several days.

Brown's yr Halwyr o Ddefynnog, yn cludo boncyff derw anferth i mewn i iard y rheilffordd, tua 1895. Cafodd y boncyff a dorrwyd i lawr ar Ystad Penpont, ei wneud yn drawst a oedd yn cynnal 'Big Ben', y cloc enwog yn nhŵr y Senedd. Torrodd olwyn ar y cerbyd hwn ar ben Heol y Defaid gan achosi rhwystr am sawl diwrnod.

SECTION SIX
ADRAN CHWECH

Transport
Cludiant

Nineteen-year-old Edwin Prosser, the first person to fly an aeroplane over Brecon, landed this 50 h.p. biplane at Slwch Farm on 1 November 1913. The following day hundreds of people watched him take off and circle the town. Thick cloud over the Beacons prevented him from reaching Aberdare, where he was due to give a flying demonstration.

Edwin Prosser, pedair ar bymtheg mlwydd oed. Ef oeddy person cyntaf i hedfan awyren dros Aberhonddu gan lanio'r awyren 50 h.p. ar Fferm Slwch ar Dachwedd 1af 1913. Y diwrnod canlynol ymgasglodd cannoedd o bobl i'w wylio'n hedfan o gwmpas y dref. Ond roedd y cymylau trwchus uwchben y Bannau wedi'i rwystro rhag cyrraedd Aberdâr lle roedd i fod i roi arddangosfa hedfan.

A mail cart outside the Blue Boar Inn, Watton, 1885. It was used between Brecon and Abergavenny.

Cert post y tu allan i Dafarn y Blue Boar, y Watton, 1885. Fe'i ddefnyddiwyd rhwng Aberhonddu a'r Fenni.

A large carriage with horses outside Perry's florist shop, 10 High Street Inferior, 1913.

Cerbyd mawr â cheffylau y tu allan i siop flodau Perry, 10 Stryd Fawr Isaf, 1913.

Bethel chapel Sunday School on a canal barge outing, 1911. The bridge is on Gasworks Lane.

Ysgol Sul Capel Bethel ar wibdaith ar y gamlas, 1911. Mae'r bont ar Lôn y Gwaith Nwy.

Coupled saddle tank locomotives attached to carriages at Brecon station, 1890s. Two locomotives were necessary to climb up to Dowlais Top on the Merthyr line.

Dau locomotif ynghlwm wrth gerbydau yng Ngorsaf Aberhonddu 1890au. Roedd angen dau locomotif i ddringo i Dowlais Top ar linell Merthyr.

Brecon station, usually known as Free Street station, Camden Road, 1950s. A steam train is about to leave on the Hereford line. Official services ceased from the station in December 1962 and the last train to leave was a special excursion train carrying four hundred members of the Stephenson Locomotive Society on 2 May 1964.

Gorsaf Aberhonddu, adwaenir fel Gorsaf Heol Rydd, Heol Camden, 1950au. Mae trên stêm yn barod i adael ar linell Henffordd. Daeth gwasanaethau swyddogol o'r orsaf i ben ym mis Rhagfyr 1962 a'r trên olaf i adael oedd trên taith arbennig yn cludo pedwar cant o aelodau o Gymdeithas Locomotif Stephenson ar 2il Mai 1964.

Railway staff at Brecon station, *c.* 1925.

Staff y rheilffordd yng Ngorsaf Aberhonddu, tua 1925.

Climbing aboard a saddle tank locomotive at the lower goods yard, off Watton, 1960s.
This site is now occupied by Brecknock Borough Council offices and the headquarters
of Welsh Water in Cambrian Way. The original station building for the Brecon and
Merthyr Railway may be seen on the right.

*Esgyn locomotif yn yr iard nwyddau isaf, ger y Watton 1960au. Swyddfeydd Cyngor Sir
Brycheiniog a phencadlys Dŵr Cymru ar Ffordd Cambrian sydd bellach ar y safle. Gellir
gweld adeilad gwreiddiol yr orsaf ar gyfer Rheilffordd Aberhonddu a Merthyr ar y dde.*

Arthur Jones, one of two signalmen at that time, inside the signal box at Brecon station,
c. 1958. Presumably the cloth was to prevent moisture from his hands rusting the
beautifully polished signal levers.

*Arthur Jones un o'r ddau arwyddwr ar y pryd, y tu mewn i'r blwch arwyddo yng
Ngorsaf Aberhonddu, tua 1958. Mae'n siwr mai ar gyfer sychu ei ddwylo mae'r lliain,
cyn defnyddio'r liferi sgleiniog.*

The latest car at Brecon, *c.* 1904. Edwin Wright, in the driving seat, was mayor in 1886.

Y car diweddaraf yn Aberhonddu, tua 1904. Edwin Wright, sydd yn sedd y gyrrwr, oedd y maer yn 1886.

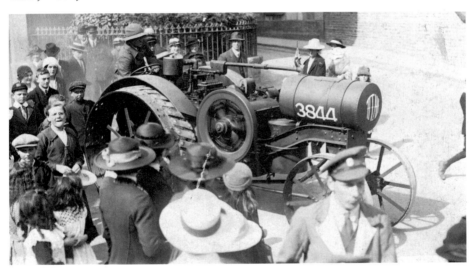

An early tractor attracting much interest, *c.* 1914. It is heading out of Bulwark into Watton. During the First World War there was a large increase in the number of tractors, particularly from America, as the land had been deprived of both men and horses.

Tractor cynnar yn denu cryn sylw, tua 1914. Mae ar ei ffordd allan o'r Gwrthglawdd i'r Watton. Yn ystod y Rhyfel Byd Cyntaf roedd yna gynnydd mawr yn y nifer o dractoriaid yn enwedig o America gan nad oedd llawer o ddynion na cheffylau ar ôl i weithio'r tir.

A dramatic advertisement for Shell petrol on a giant hoarding, east end of Watton near Cricketers' Bridge, 1930s.

Hysbyseb trawiadol ar gyfer petrol Shell ar fwrdd mawr ar yr ochr ddwyreiniol i'r Watton, ger Pont y Cricedwr, 1930au.

A tightly packed charabanc in High Street Inferior, 1920s, setting out on a trip to Llandrindod Wells.

Charabanc llawn dop yn y Stryd Fawr Isaf, 1920au, yn cychwyn ar daith i Landrindod.

Local Government

Llywodraeth Leol

The Brecknock Shire Hall, Captain's Walk, *c.* 1900. It was designed by T.H. Wyatt and D. Brandon in Greek Revival style and completed in 1842. It ceased to be used as a Shire Hall in the early 1970s and became the Brecknock Museum in 1974.

Neuadd Sir Brycheiniog, Rhodfa'r Capten, tua 1900. Fe'i cynlluniwyd gan T.H. Wyatt a D. Brandon yn arddull yr adfywiad Groegaidd â'i chwblhau yn 1842. Peidiwyd â'i defnyddio fel Neuadd y Sir ar ddechrau'r 1970au a daeth yn Amgueddfa Brycheiniog yn 1974.

The Mayor and Corporation, 1891, photographed behind Colonel Morgan's Lion Street house. Seated (left to right): John Prothero (formerly mayor), William de Winton, E.A. Wright (former mayor), Dr Williams (popularly known as 'Dr Blood', Mayor), Hyatt Williams (Town Clerk), John Games, Mr H.I.C. Rich. Standing: four police officers with, first on left, Rhys Davies (Borough Surveyor), 2nd, Mr Williams ('from the Woollen Mill'), 3rd, Davies ('The George'), 7th, Rees Williams ('Marquis Bach', Estate Agent to Marquis Camden), 8th, Mr Jones (Town Crier), 14th, Colonel Morgan, 18th, Evans the Water Rate, 19th, a Mid Wales Railway official, 21st, Aneurin George, a builder.

Y Maer a'r Gorfforaeth, 1891. Tynnwyd y ffotograff tu ôl i dŷ'r Cyrnol Morgan yn Heol Cantreselyf. Yn eistedd (o'r chwith i'r dde): John Prothero (Cyn faer), William de Winton, E.A. Wright (cyn Faer); Dr Williams (Clerc y Dref), John Games, Mr H.I.C. Rich. Yn sefyll (o'r chwith i'r dde): pedwar heddwas, y cyntaf ar y chwith yw Rhys Davies (Tirfesurydd y Fwrdeistref), 2il, Mr Williams (o'r Felin Wlân), 3ydd, Davies ('Y George'), 7fed, Rees Williams ('Marquis Bach', Asiant yr Ystad i'r Ardalydd Camden), 8fed, Mr Jones (Cyhoeddwr y Dre), 14eg, Y Cyrnol Morgan, 18fed, Evans y Water Rate, 19eg, swyddog o Reilffordd Canolbarth Cymru, 21ain, Aneurin George, adeiladwr.

Alderman John Prothero, Mayor of Brecon, 1866.

Yr Henadur John Prothero, Maer Aberhonddu, 1866.

Brecon Town Council in the Guildhall, 1938. Back row, left to right: Parry de Winton (Manager, Lloyd's Bank), Joe Morris (Mace-Bearer), David Powell (Dai 'Pop'), Stanley Jenkins (Mayor, 1937), Albert Jolly (Mayor), Jones Williams (Town Clerk), Morgan Morris (Mace-Bearer), Bert Rich (garage owner), W.J. Price (auctioneer, former mayor), Supt Williams (Breconshire Constabulary), Mr Corbett (Llanfaes schoolmaster). Front row: Fred Lewis (Mayor, 1935), Capt. Stanley Francis (Welsh Guards and 'in charge at labour exchange'), W.D. Griffith (Manager of Barclays Bank and Captain, Brecon Golf Club), Brecon Powell (engineer and great benefactor of the town), Mr Davies (previous mayor), Godfrey Morris (farmer and local Conservative agent), Fred Thomas (ticket clerk, Brecon station), Bill Bevan (first socialist on the town council and later alderman).

Cyngor Tref Aberhonddu yn Neuadd y Dref, 1938. Yn y cefn, o'r chwith i'r dde: Parry de Winton (Rheolwr Banc Lloyd's), Joe Morris (Brysgyllwr), David Powell (Dai 'Pop'), Stanley Jenkins (Maer 1937), Albert Jolly (Maer), Jones Williams (Clerc y Dref), Morgan Morris (Brysgyllwr), Bert Rich (perchennog garej), W.J. Price (ocsiwniwr, cyn faer), Yr Arolygydd Williams (Heddlu Brycheiniog), Mr Corbett (ysgolfeistr Llanfaes). Yn y rhes flaen, o'r chwith i'r dde: Fred Lewis (Maer 1935), Capten Stanley Francis (Y Welsh Guards ac 'yng ngofal y Gyfnewidfa Lafur'), W. D. Griffiths (Rheolwr, Banc Barclays a Chapten Clwb Golff Aberhonddu), Brecon Powell (Peiriannydd a chymwynaswr mawr i'r dref), Mr Davies (cyn faer), Godfrey Morris (ffermwr ac asiant lleol i'r Ceidwadwyr), Fred Thomas (clerc tocynnau yng Ngorsaf Aberhonddu), Bill Bevan (y sosialydd cyntaf ar gyngor y dref ac yn ddiweddarach yn Henadur).

Mr G. Hyatt Williams, Town Clerk, *c.* 1891.

Mr G. Hyatt Williams, Clerc y Dref, tua 1891.

Breconshire County Council, 27 July 1951, outside Shire Hall. The Chairman, with chain of office, was J.G. Eadie and the Clerk, with wig, was C.M.S. Wells. Some members were unable to be present.

Cyngor Sir Brycheiniog, 27ain Gorffennaf 1951, y tu allan i Neuadd y Sir. Y Cadeirydd, gyda'r tsaen, oedd J.G. Eadie a'r Clerc, gyda'r wig, oedd C.M.S. Wells. Nid oedd rhai aelodau yn gallu bod yn bresennol.

Brecon County Council, 28 May 1971, outside Shire Hall. The Chairman, centre front, was J.T.H. Davies; the Clerk, with wig, was T.F.G. Young. Some members were unable to be present.

Cyngor Sir Brycheiniog, 28ain Mai 1971, y tu allan i Neuadd y Sir. Y Cadeirydd, canol blaen, oedd J.T.H. Davies, y Clerc, gyda'r wig, oedd T.F.G. Young. Nid oedd rhai aelodau yn gallu bod yn bresennol.

Mayoral procession returning from the Priory church, *c.* 1912. It is at the bottom of Priory Hill, turning into Struet. The Mayor was Miss Gwenllian Morgan, the first lady mayor in Wales.

Gorymdaith y Maer yn dychwelyd o Eglwys y Prior, tua 1912. Mae ar waelod Tyle'r Priordy, yn troi i mewn i'r Struet. Y Faeres oedd Miss Gwenllian Morgan, y faeres gyntaf yng Nghymru.

Law and Order

Cyfraith a Threfn

The Assize Court Judge being sheltered from the rain outside County House, the Judge's lodgings in Struet, 1964.

Barnwr y Brawdlys yn cael ei gysgodi rhag y glaw y tu allan i County House, lodjin y Barnwr yn Struet, 1964.

The Assize Court Judge leaving the Cathedral service held before the first assize,
November 1966.

*Barnwr y Brawdlys yn gadael gwasanaeth yn yr Eglwys Gadeiriol a gynhaliwyd cyn y
brawdlys cyntaf, Tachwedd 1966.*

The Assize Court Judge after leaving County House, Struet, walking in procession to
the Shire Hall, 1964. He is being led by the Revd J. Jones-Davies, the High Sheriff's
Chaplain, third from left (who, incidentally, was Honorary Curator of the Brecknock
Museum) and, fourth from left, William Lloyd, High Sheriff of Breconshire.

*Barnwr y Brawdlys ar ôl gadael y County House, Struet, yn gorymdeithio i Neuadd y
Sir, 1964. Caiff ei arwain gan y Parchedig J. Jones-Davies, Caplan yr Uchel-Siryf,
trydydd o'r chwith (oedd yn Guradur Anrhydeddus Amgueddfa Brycheiniog), a'r
pedwerydd o'r chwith oedd William Lloyd, Uchel-Siryf Brycheiniog*

The Assize Court Judge, presumably in the splendid motor car, being escorted home from the Shire Hall along High Street Inferior by police and trumpeters, 1930s.

Barnwr y Brawdlys – yn y car ysblennydd – wedi'i hebrwng adref o Neuadd y Sir ar hyd y Stryd Fawr Isaf gan heddlu a thrwmpedwyr, 1930au.

The spacious interior of the Assize Court in Brecknock Shire Hall, *c.* 1970. During the conversion into Brecknock Museum, which opened in 1974, a completely new floor was inserted to create two display galleries. Many of the court furnishings have been retained in the building but they now face in the opposite direction.

Tu mewn i'r Brawdlys yn Neuadd Sir Brycheiniog tua 1970. Wrth gael ei droi'n Amgueddfa Brycheiniog – a agorwyd yn 1974 – adeiladwyd llawr newydd er mwyn creu dwy oriel arddangos. Mae nifer o gelfi'r llys yn parhau yn yr adeilad ond maent bellach yn wynebu i'r cyfeiriad arall.

Policemen, including special constables, grouped on the steps of the Shire Hall, *c.* 1910.

Heddlu, gan gynnwys cwnstabliaid arbennig, ar risiau Neuadd y Sir, tua 1910.

The Assize Court Judge's carriage outside the Shire Hall, 1870s. The policemen, who are wearing the kepi, are acting as Judge's escorts or 'Javelin Men'.

Cerbyd Barnwr y Brawdlys y tu allan i Neuadd y Sir, 1870au. Mae'r heddlu, oedd yn gwisgo'r 'kepi', yn gweithredu fel hebryngwyr neu 'Gwŷr Gwaywffyn' i'r Barnwr.

Brecon County Gaol, Llanfaes, 1969. This three block building was reconstructed in 1858 and, following an Act of Parliament dealing with the security of gaols, it was improved and extended and a new Governor's House built by 1871. In 1975 it was converted into flats and is now known as Cwrt Tarell.

Carchar Brycheiniog, Llanfaes 1969. Ail-adeiladwyd yr adeilad sydd mewn tri bloc yn 1858 ac yn dilyn Deddf Seneddol yn ymdrin â diogelwch carchardai, cafodd ei wella a'i ymestyn ac adeiladwyd Tŷ'r Llywodraethwr yn 1871. Yn 1975 cafodd ei wneud yn fflatiau a'r enw arno bellach yw Cwrt Tarell.

SECTION NINE
ADRAN NAW

Defence
Amddiffyn

The Band and Drums of the 2nd Battalion, South Wales Borderers, in Bulwark during celebrations for the 250th anniversary of the founding of the Regiment, Friday 28 May 1939. Bandmaster Hays leads.

Corfflu Band a Drymiau, Ail Fataliwn y South Wales Borderers ar y Gwrthglawdd yn ystod dathlu 250 mlwyddiant sefydlu'r Gatrawd, 28ain Mai 1939. Yr arweinydd Hays sy'n arwain.

A rare view of the Barracks, Watton, 1867, a decade before the large keep was built. The building on the left was the Guardroom, which was demolished in 1938. The fine cavalry and infantry barracks with the clock tower was built in the 1840s. The Congregational College may be seen in the distance.

Golwg brin o'r Gwersyll, Y Watton, 1867, degawd cyn adeiladu'r gorthwr mawr. Dymchwelwyd yr adeilad ar y chwith, y yn 1938. Adeiladwyd barics a'r tŵr cloc yn y 1840au. Gellir gweld Coleg yr Annibynwyr yn y pellter.

The Keep, the Barracks, Watton, *c.* 1902, with children playing outside. This dates from 1876–9 and has concrete and iron floors. It accommodated military tailors, pay offices and storage.

Y Gorthwr yng Ngwersyll Milwrol Watton, tua 1902, gyda phlant yn chwarae y tu allan. Mae hwn yn dyddio o 1876-9 a chanddo lawr concrid a haearn. Ynddo roedd teilwriaid milwrol, swyddfeydd cyflog a storfeydd.

Stone buildings on the north side of Barracks Square, Brecon Barracks, 1867, with mothers and children out for a stroll. These buildings – the Sergeants' Mess, Officers' Mess, Commanding Officer's accommodation and the hospital – were designed by Colonel Ord in the early 1840s.

Adeiladau carreg ar ochr ogleddol Sgwâr y Gwersyll, Gwersyll Milwrol Aberhonddu, 1867, gyda mamau a phlant yn mynd am dro. Cynlluniwyd yr adeiladau hyn – ffreutur y rhingylliaid a ffreutur y swyddogion, llety'r Swyddog Llywodraethol a'r ysbyty – gan y Cyrnol Ord ar ddechrau'r 1840au.

South Wales Borderers on Barracks Square, Brecon Barracks, late 1890s.

Milwyr y South Wales Borderers ar Sgwâr y Gwersyll, Gwersyll Milwrol Aberhonddu, diwedd y 1890au.

Officers and Sergeants, Depot, South Wales Borderers, at Brecon Barracks, 1904. In the centre is Colonel Money CB, Commanding Officer of the 24th Regional District. To his right is Captain Hughes, then Sergeant Major Wilson. To his left is Brevet Major Purchase, then Lieutenant Tudor. The Broderick Cap, being worn here, was only issued between 1900 and 1905.

Depot y Swyddogion a'r Rhingylliaid, y South Wales Borderers, yng Ngwersyll Milwrol Aberhonddu, 1904. Yn y canol mae'r Cyrnol Money CB, Swyddog Llywodraethol y 24ain Ardal Ranbarthol. I'r dde mae'r Capten Hughes, yna'r Uwchgapten Ringyll Wilson. I'r chwith mae'r Brefet Uwchgapten Purchase ac yna'r Llfftenant Tudor. Rhwng 1900 a 1905 yn unig y gwisgwyd y Cap Broderick hwn a welir yn y llun.

Major John Morgan of the Brecknockshire Rifle Volunteers at the back of his house in Lion Street, *c.* 1880. He was later to become Mayor.

Yr Uwchgapten John Morgan o Wirfoddolwyr Reiffl Brycheiniog y tu cefn i'w dŷ yn Heol Cantreselyf, tua 1880. Daeth yn faer yn nes ymlaen.

The shooting team from 'A' (Brecon) Company 1st (Brecknockshire) Volunteer Battalion, South Wales Borderers, winners of the Battalion Cup, Breconshire Rifle Association, 1892.

Tîm saethu Bataliwn Gwirfoddol 1af (Brycheiniog) Cwmni 'A' (Aberhonddu), y South Wales Borderers, enillwyr y Cwpan Bataliwn, Cymdeithas Reiffl Sir Frycheiniog, 1892.

The 3rd or 4th Battalion Militia, South Wales Borderers, Bulwark, *c*. 1905.

3ydd neu 4ydd Bataliwn Militia, y South Wales Borderers, y Gwrthglawdd, tua 1905.

1st Battalion, South Wales Borderers, in Watton, 1 April 1934, on their way to the Cathedral for the Laying Up of Colours.

Bataliwn 1af, y South Wales Borderers, yn y Watton, 1af Ebrill, 1934 ar eu ffordd i'r Eglwys Gadeiriol ar gyfer Gosod Lliwiau.

Old Comrades' Parade, South Wales Borderers, High Street Inferior, Sunday 25 May 1947.

Gorymdaith yr Hen Filwyr, South Wales Borderers, Stryd Fawr Isaf, ddydd Sul 25ain Mai, 1947.

South Wales Borderers on Sunday church parade marching out of Bulwark into Watton on their return to the Barracks, *c.* 1910. They are accompanied by crowds of well-dressed onlookers.

Y South Wales Borderers yn gorymdeithio ar orymdaith Sul yr Eglwys o'r Gwrthglawdd i'r Watton ar ddychwelyd i'r Gwersyll, tua 1910. Cânt eu dilyn gan wylwyr yn eu dillad gorau.

A Civil Defence Corps and Womens' Voluntary Service outdoor cooking demonstration, Rhyd Training Centre, 20 October 1954.

Arddangosfa goginio Corfflu Amddiffyn Sifil a Gwasanaeth Gwirfoddol y Merched, Canolfan Hyfforddi'r Rhyd, 20fed Hydref, 1954.

An emergency food preparation demonstration, Rhyd Training Centre, *c.* 1954.

Arddangosfa o baratoi bwyd mewn argyfwng, Canolfan Hyfforddi'r Rhyd, tua 1954.

Stirring food in huge pots. A Civil Defence and Women's Voluntary Service outdoor cooking demonstration, Rhyd Training Centre, 24 June 1954.

Coginio bwyd mewn crochenni mawr. Arddangosfa goginio awyr agored Corfflu Amddiffyn Sifil a Gwasanaeth Gwirfoddol y Merched, Canolfan Hyfforddi'r Rhyd, 24ain Mehefin, 1954.

Brecon Home Guard outside the Drill Hall, Conway Street, early 1940s. Back row, left to right (*Rhes gefn o'r chwith i'r dde*): Trevor Price, Fred Jones, George Jones, -?-, Ken Rowlands, ? Mannering, Eric Rowlands, ? Griffiths, Tommy Hill. Middle row (*Rhes ganol*): Joe Palardy, Jimmy Jones, Bill Jones, Alan Owen, Charlie Noble, Ivor Merrick, ? Roberts, Bronce Perry. Front row (*Rhes flaen*): Les Sherriden, Vernon Clark, Stan Bissex, Reg Pritchard, Capt. J. Hope Evans, Tom Bevan, Bill Williams, Ivor Griffiths, Percy Jones.

'Home Guard' Aberhonddu y tu allan i'r Neuadd Ddril, Heol Conwy, dechrau'r 1940au.

An air raid precaution or 'gas' class at the Barracks, Watton, 1940s.

Dosbarth diogelwch cyrch awyr neu ddosbarth 'nwy' yn y Gwersyll, y Watton 1940au.

SECTION TEN
ADRAN DEG

Education
Addysg

Mount Street School Gardening Club, *c.* 1920. Back row, left to right: Reg Morris, D. Hooper, J. Davies, D. Plunket, Mr Winstanley (teacher), G. Griffiths, G. Jones, I. Griffiths, I. Howells. Front row: C. Watkins, B. Chamberlain, G. Rose, ? Davies, B. Perry, G. Preece, B. Jones, J. McQuie.

Clwb garddio Ysgol Heol y Llygoden, tua 1920. Yn y rhes gefn, o'r chwith i'r dde: Reg Morris, D. Hooper, J. Davies, D. Plunket; Mr Winstanley (athro), G. Griffiths, G. Jones, I. Griffiths, I. Howells. Y rhes flaen, o'r chwith i'r dde: C. Watkins, B. Chamberlain, G. Rose, ? Davies, B. Perry, G. Preece, B. Jones, J. McQuie.

A classroom scene, Llanfaes School, Christmas 1912. Presumably the children are cutting out decorations. In the front row, Jack Lewis married the girl sitting to his right, across the aisle.

Golygfa o ystafell ddosbarth, Ysgol Llanfaes, Nadolig 1912. Mae'n siwr bod y plant yn gwneud addurniadau. Yn y rhes flaen, priododd Jack Lewis y ferch sy'n eistedd ar y dde iddo, ar draws yr eil.

Smartly dressed pupils at the Convent School, Glamorgan Street, *c.* 1907. It was then run by a community of French nuns and the French language was used regularly.

Disgyblion taclus yn Ysgol y Cwfaint, Heol Morgannwg, tua 1907. Cymuned o leianod Ffrengig oedd yn rhedeg y lle ar y pryd ac fe ddefnyddid yr iaith yn rheolaidd.

The opening ceremony, Brecon Girls' Intermediate School, Cerrig Cochion, 10 July 1901. It was opened by Charles Morley, MP. The Boys' Intermediate School in Cradoc Road was opened later the same day. Both schools were established in response to recommendations in the Welsh Intermediate Act of 1889.

Seremoni agoriadol, Ysgol Ganolradd y Merched, Aberhonddu, Cerrig Cochion, 10fed Gorffennaf, 1901. Fe'i agorwyd gan Charles Morley, A.S. Agorwyd Ysgol Ganolradd y Bechgyn, Aberhonddu ar Ffordd Cradoc yn ddiweddarach y diwrnod hwnnw. Sefydlwyd y ddwy ysgol mewn ymateb i argymhellion y Ddeddf Ganolradd Gymreig 1889.

Pupils at Brecon Girls' Grammar School, now Brecon High School, 1940s.

Disgyblion yn Ysgol Ramadeg y Merched Aberhonddu, bellach yn Ysgol Uwchradd Aberhonddu yn ystod y 1940au.

Pupils stand to attention outside the Boys' County School, Cradoc Road, 1914. This was probably the school's Cadet Corps.

Disgyblion mewn rhes y tu allan i Ysgol Sir y Bechgyn, Ffordd Cradoc, 1914. Mae'n siwr mai Corfflu Cadlanciau'r ysgol oedd hwn.

The chemistry laboratory, Boys' County School, 1914.

Labordy cemeg, Ysgol Sir y Bechgyn, 1914.

Tug-of-war on the rugby field, Christ College, *c.* 1900.

Tynnu'r gelyn ar y cae rygbi, Coleg Crist, tua 1900.

Christ College from the east, *c.* 1900. On the left is the School House block by J. Pritchard and J.P. Seddon, 1861–4, with the headmaster's house on the far left. On the right is the medieval – though restored – chapel, showing its fine east window. In between is the 1882 block by J.B. Fowler.

Coleg Crist o'r dwyrain, tua 1900. Ar y chwith mae bloc yr Ysgoldy gan J. Pritchard a J.P. Seddon, 1861–4 gyda thŷ'r prifathro ar y chwith eithaf. Ar y dde gwelir y capel sy'n dyddio o'r canoloesoedd, yn dangos ei ffenest ddwyreiniol ysblennydd. Rhyngddynt mae bloc 1882 gan J.B. Fowler.

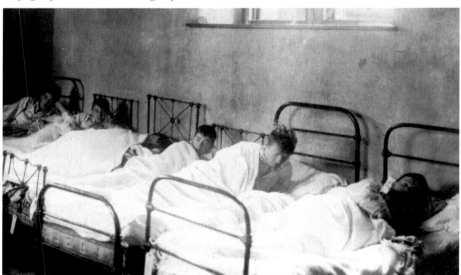

Dormitory, Christ College, *c.* 1900. Space was clearly very restricted.

Ystafell gysgu, Coleg Crist, tua 1900. Roedd gofod yn amlwg yn beth prin.

University of Wales Court, 2 December 1926, outside the Castle of Brecon Hotel (where they had lunch) at their annual meeting. Back row, left to right: Capt. Anthony, A. Leonard, Jos Jones, A. Beckwith, Jenkin James, John Conway Lloyd, J.R. Phillips, Henry Lewis. Front row: Ald. Powell, Dr Olive Wheeler, Sir W. Reichel, Cllr Rich, Lord Kenyon, Cllr W.S. Williams, Vice Principal A.C. Edwards, Bishop Bevan, W. Jenkins. The Mayor and Corporation had provided a civic welcome the previous day and Bishop Bevan entertained them to tea.

Llys Prifysgol Cymru, 2il Rhagfyr, 1926, y tu allan i Westy Castell Aberhonddu (lle cawsant ginio) yn eu cyfarfod blynyddol. Rhes gefn, o'r chwith i'r dde: Y Capten Anthony, A. Leonard, Jos Jones, A. Beckwith, Jenkin James, John Conway Lloyd, J.R. Phillips, Henry Lewis. Rhes flaen: yr Henadur Powell, Dr Olive Wheeler, Syr W. Reichel, Cynghorydd Rich, Arglwydd Kenyon, y Cynghorydd W. S. Williams, Driprwy Bennaeth A.C. Edwards, yr Esgob Bevan, W. Jenkins. Roedd y Maer a'r Gorfforaeth wedi darparu croeso dinesig y diwrnod blaenorol ac roedd yr Esgob Bevan wedi'u derbyn i de prynhawn.

Institutions

Sefydliadau

The Brecknock Museum, Glamorgan Street, 1960s. The Museum was opened by the Brecknock Society in this disused 1830s chapel on 1 March 1928. Its formation was largely due to the efforts of Lt. Col. Sir John Conway Lloyd of Dinas. The Museum was moved into the Shire Hall building and officially reopened on 25 March 1974.

Amgueddfa Brycheiniog, Heol Morgannwg, 1960au. Agorwyd yr Amgueddfa gan Gymdeithas Brycheiniog a leolwyd mewn capel gwag, ar 1af Mawrth 1928. Cafodd ei sefydlu yn bennaf o ganlyniad i ymdrechion y Lifftenant Cyrnol Syr John Conway Lloyd, Dinas. Symudwyd yr Amgueddfa i adeilad Neuadd y Sir ac fe'i hail-agorwyd ar 25ain Mawrth 1974.

Displays in the Brecknock Museum, Glamorgan Street, 1960s. Originally, the building was a chapel.

Arddangosfeydd yn yr Hen Amgueddfa, Heol Morgannwg, 1960au. Capel oedd yr adeilad yn wreiddiol.

Lord Glanusk opening Brecon War Memorial Hospital on 11 January 1928. He collapsed during the ceremony and died shortly afterwards.

Yr Arglwydd Glanusk yn agor Ysbyty Coffa Aberhonddu ar 11eg Ionawr, 1928. Trawyd ef yn wael yn ystod y seremoni a bu farw yn fuan wedyn.

An aerial view of Breconshire War Memorial Hospital, 1930s.

Golwg o Ysbyty Coffa Aberhonddu o'r awyr, 1930au.

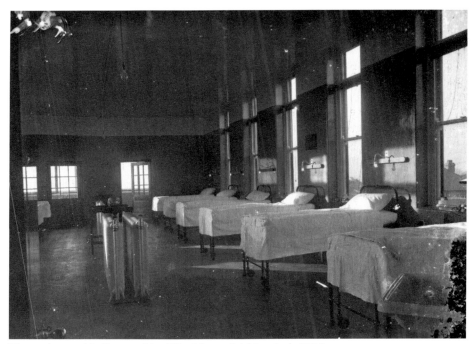

The male ward in Breconshire War Memorial Hospital, 1930s.

Ward y dynion yn Ysbyty Coffa Aberhonddu, 1930au.

Fire Brigade and Merryweather fire engine, Postern *c.* 1905.

Y Frigâd Dân ac Injan Dân Merryweather, y Postern, tua 1905.

Fire Brigade at the Rhyd, *c.* 1960.

Y Frigâd Dân yn y Rhyd, tua 1960.

Fire Brigade washing down Bulwark, probably after the November fair, *c.* 1914. Note the open topped bus, left.

Y Frigâd Dân yn golchi'r Gwrthglawdd i lawr, ar ôl ffair Tachwedd, tua 1914. Nodwch y bws agored ar y chwith.

Staff outside the post office, Lion Street, 1890s. This later became Brooke's Central Garage car showroom; today it is a pet and flower shop.

Staff y tu allan i Swyddfa'r Post, Heol Cantreselyf, 1890au. Yn ddiweddarach daeth hwn yn arddangosfa geir Garej Ganolog Brooke's; heddiw siop anifeiliaid anwes a blodau ydyw.

Societies
Cymdeithasau

A rally of the Girls' Friendly Society processing down Struet from the Cathedral, *c.* 1925. This would have been photographed from the railway bridge.

Rali o Gymdeithasau Cyfeillgar y Merched yn gorymdeithio i lawr y Struet o'r Eglwys Gadeiriol, tua 1925. Byddai'r llun hwn wedi'i dynnu o bont y rheilffordd.

The Brecon District tent of the Independent Order of Rechabites, *c.* 1900. A leading temperance friendly society, its name comes from the biblical character Rechab, whose son, Jonadeb, commanded his family never to drink wine.

Pabell Aberhonddu Urdd Annibynnol y Rechabiaid, tua 1900. Cymdeithas gyfeillgar ddirwest amlwg, daw ei henw o'r cymeriad Beiblaidd Rechab, yr oedd ei mab, Jonadeb, wedi gorchymyn na allai ei deulu fyth yfed gwin.

St John's Ambulance cadets, *c.* 1940, with Miss Nancy Jones, Superintendent.

Cadlanciau Ambiwlans Sant Ioan, tua 1940, gyda Mis Nancy Jones, Arolygydd.

Members of St John's Ambulance Brigade Nursing Division parading along High Street Inferior, 1930s.

Aelodau o Frigâd Ambiwlans Sant Ioan, Adran Nyrsio yn gorymdeithio ar hyd y Stryd Fawr Isaf, 1930au.

Church Lads' Brigade, late 1940s. Some of the younger boys seem very bored with the proceedings. This garden, by the parish hall, is now part of the car park near Leos supermarket.

Brigâd Llanciau'r Eglwys diwedd y 1940au. Mae rhai o'r bechgyn iau yn ymddangos yn ddiflas iawn. Mae'r ardd hon, wrth ymyl neuadd y plwyf, bellach yn rhan o'r maes parcio ger archfarchnad Leos.

First Brecon Scout Troop, 1929.

Grŵp Sgowtiaid Cyntaf Aberhonddu, 1929.

First Brecon Group Boy Scouts, April 1957, in front of the Shire Hall. Back row, left to right: P.D. Coombe, J.J. Bevan, M. Jones, Maj. T.C.T. Llewellin, A. Twist, W. Humphreys, A.W. Leonard. Second row: P.O.J. Rowlands, T. Richardson, A. Harding, R. Long, M. Bevan, D. Parry, J. Sullivan, J. Ainsworth. Third row: W. Griffiths, J. Peters, B. Williams, G. Goodwin, R. Williams, J. Richards, A. Sneade, R. Humphreys. Front: G. Giles, P. Brown, P. Williams, P. Joseph, E. Parry, A. Griffiths, R. Loftus, M. Richards, D. James.

Grŵp Sgowtiaid Cyntaf Aberhonddu, Ebrill 1957, o flaen Neuadd y Sir. Rhes gefn, o'r chwith i'r dde: P.D. Coombe, J.J. Bevan, M. Jones, Maj, T.C.T. Llewellin, A. Twist, W. Humphreys, A. W. Leonard. Ail o'r cefn: P.O.J. Rowlands, T. Richardson, A. Harding, R. Long, M. Bevan, D. Parry, J. Sullivan, J. Ainsworth, Ail o'r blaen: W. Griffiths, J. Peters, B. Williams, G. Goodwin, R. Williams, J. Richards, A. Sneade, R. Humphreys. Yn y blaen: G. Giles, P. Brown, F. Williams, P. Joseph, E. Parry, A. Griffiths, R. Loftus, M. Richards, D. James.

St Mary's church bellringers, 1897.

Canwyr clychau Eglwys y Santes Fair, 1897.

Religion
Crefydd

The Priory church from the south, *c.* 1900. It only became a cathedral with the creation of the Diocese of Swansea and Brecon in 1923. The badminton court would have been on land belonging to the Maybery family that was later bought by the Church.

Eglwys y Prior o'r de, tua 1900. Daeth yn Eglwys Gadeiriol yn 1923 pan grewyd Esgobaeth Abertawe ac Aberhonddu. Byddai'r cwrt badminton wedi bod ar dir yn eiddo i deulu Maybery a brynwyd yn ddiweddarach gan yr Eglwys.

The Priory church photographed by Robert Crawshay in 1876. The gentleman leaning on the gravestone has a remarkable beard.

Ffotograff o Eglwys y Prior a dynnwyd gan Robert Crawshay yn 1876. Mae gan y gŵr sy'n pwyso ar y garreg fedd, farf trawiadol.

Another 1876 photograph by Robert Crawshay inside the Priory church looking towards the east end and high altar from the crossing. The choir stalls are now in the crossing and the pulpit has been moved forward into the nave, the huge sounding board having been removed altogether. The screen on the far left has also been re-located and the awmbreys are hidden behind a reredos.

Ffotograff arall o 1876 gan Robert Crawshay y tu mewn i Eglwys y Priordy yn edrych tua'r pen dwyreiniol a'r allor uchel o'r croesiad. Mae seddau'r côr bellach yn y croesiad a symudwyd y pulpud ymlaen, mae'r bwrdd seinio mawr wedi'i dynnu oddi yno yn gyfangwbl. Mae'r sgrîn ar y chwith eithaf hefyd wedi'i symud.

Mrs Bishop, keeper of the magnificent key to the Priory church, 1910. She died in 1916.

Mrs Bishop, ceidwad yr allwedd wych i Eglwys y Prior, 1910. Bu farw yn 1916.

Edward Latham Bevan being led along High Street Inferior towards the Cathedral for his enthronement as first Bishop of the Diocese of Swansea and Brecon, 14 September 1923. He is followed by the Cathedral Chapter. The procession left St Mary's church promptly at half past two.

Edward Latham Bevan yn cael ei arwain ar hyd y Stryd Fawr Isaf tuag at yr Eglwys Gadeiriol ar gyfer ei orseddu fel Esgob cyntaf Esgobaeth Abertawe ac Aberhonddu, 14eg Medi 1923. Dilynir ef gan Siapter yr Eglwys Gadeiriol. Gadawodd yr orymdaith Eglwys y Santes Fair yn brydlon am hanner awr wedi dau union.

Bishop Edward Latham Bevan, first Bishop of the Diocese of Swansea and Brecon, around the time of his enthronement, September 1923. His mitre, a symbol of the episcopal office, is displayed proudly in the open box.

Yr Esgob Edward Latham Bevan, Esgob cyntaf Esgobaeth Abertawe ac Aberhonddu, tua'r adeg y cafodd ei orseddu, Medi 1923. Gwelir ei feitr – symbol o'r swydd esgobol – yn y blwch agored.

The Royal Hart Sunday school group, Watton, *c.* 1917, with the Sunday schoolmistress, Mrs Wyndham Joyce.

Grŵp ysgol Sul y Royal Hart, y Watton, tua 1917, gyda'r athrawes ysgol Sul, Mrs Wyndham Joyce.

St Mary's church and a cobbled Bulwark, *c.* 1900. The railings surrounding Wellington's statue have since been removed.

Eglwys y Santes Fair a'r Gwrthglawdd tua 1900. Mae'r rheiliau o gwmpas cofgolofn Wellington wedi'u tynnu oddi yno erbyn hyn.

Brecon parish young men's Bible class, 1922–3, in a garden that is now part of the car park near Leos supermarket. Back row, left to right (*Rhes gefn o'r chwith i'r dde*): J. Pugh, F. Kinsey, H. de Lonra, H. Matthews, J. Matthews, E. Jones, H. Hawkes, S. Jones. Second row (*Ail res*): T.J. Rowlands, W.P. Joyce, G. Hawkes, E.B. Hawkes, C. Wilding, E. Coombes, W.G. Evans, F. Harding, J. Perry, K. Rosser, E. Millett. Third row (*Trydedd rhes*): R. Bufton, W. Tudor, W.J. Brookes, F.L. Williams, H. Andrews, T.C. Powell, E.G. Matthews, L.J. Evans, F. Jones, I.R. Morgan, W. Ashton, T.C. Randell, C. Dacey. Fourth row (*Pedwerydd res*): E. Bush, T. Davies, C.H. Williams, I. Meyrick, T.E. Brookes, T. Williams, B. Larkin, W. Jones Williams, G.J.A. Smith, A.C. Williams, A.W. Perry, W.R. Price. Fifth row (*Pumed res*): W.R. Howells, E. Matthews, J. Price, D. Evans, W. Havard, R. Phillips, Revd W.N. Peregrine, I.W. Brookes, J. Parry, A.W. Hawkes, H. Peck, G.M. Quarrell, L. Shelton. Front row (*Rhes flaen*): W.D. Vaughan, A.G. Marshman, W. Williams, E. Hill, J.H. Davies, G. Cattell.

Dosbarth Beiblaidd, dynion ifanc plwyf Aberhonddu, 1922-3, mewn gardd sydd bellach yn rhan o'r maes parcio ger archfarchnad Leos.

Dr Coke Methodist church, 1960s. This fine building, dating from 1835 and located down a lane off Lion Street, became redundant. It was vandalized and set on fire. Eventually the building was demolished to make way for Leos supermarket.

Eglwys Fethodistaidd Dr Coke, 1960au. Daeth yr adeilad gwych hwn, sy'n dyddio o 1835 ac wedi ei leoli ar lôn oddi ar Heol Cantreselyf, yn wag. Yn dilyn tân, dymchwelwyd yr adeilad er mwyn gwneud lle i Archfarchnad Leos.

Interior of Dr Coke Methodist church, 1960s. The monument to members of Dr Coke's family was by local sculptor John Evan Thomas.

Y tu mewn i Eglwys Fethodistaidd Dr Coke, 1960au. Gwnaed y cerflun er cof am aelodau o deulu Dr Coke gan y cerflunydd lleol John Evan Thomas.

Members of the congregation of Bethel Calvinistic Methodist chapel, *c.* 1900. The minister, centre, was the Revd James Evans. The organist, Mr T.I. Powell, is seated cross-legged on the ground, inner right.

Aelodau o gynulleidfa Capel y Methodistiaid Calfinaidd Bethel, tua 1900. Y Gweinidog, yn y canol, oedd y Parch. James Evans. Mae'r organydd, Mr T.I. Powell, yn eistedd croesgoes ar y llawr, y tu fewn ar y dde.

Congregational Memorial College, Camden Road, *c.* 1900. It was completed in 1869. The building has now been converted into flats.

Coleg Coffa'r Annibynwyr, Ffordd Camden, tua 1900. Cafodd ei gwblhau yn 1869. Mae bellach wedi'i wneud yn fflatiau.

Sunday school class on the steps outside the Congregational chapel, Glamorgan Street, *c.* 1895. This building later became the Brecknock Museum (see p. 103).

Dosbarth Ysgol Sul ar y grisiau y tu allan i Gapel yr Annibynwyr, Stryd Morgannwg, tua 1895. Daeth yr adeilad hwn yn gartref i Amgueddfa Brycheiniog yn ddiweddarach. (Gweler tudalen 103)

Extensive thunderbolt damage to the steeple of the 1872 Gothic Presbyterian church in Watton. It was struck on the afternoon of Saturday 13 August 1955.

Difrod gan fellten i feindwr yr Eglwys Bresbyteraidd gothig sy'n dyddio o 1872 yn y Watton. Fe'i darwyd ar brynhawn Sadwrn 13eg Awst 1955.

Below: The Mayor, Mr J. Morgan, arrives for his civic service at the Presbyterian church, Watton, 1913.

Y Maer, Mr J Morgan, yn cyrraedd ar gyfer ei wasanaeth dinesig yn yr Eglwys Bresbyteraidd, y Watton 1913.

Workmen on a scaffolding-clad steeple, St David's church, Llanfaes, *c.* 1905. The building to the right of the tower contains the vestry and Sunday school.

Gweithwyr ar feindwr Eglwys Dewi Sant, Llanfaes, tua 1905. Mae'r festri a'r ysgol Sul yn yr adeilad i'r dde o'r tŵr.

SECTION FOURTEEN
ADRAN PEDWAR AR DDEG

Special Events
Digwyddiadau Arbennig

Princess Helena Victoria (one of Queen Victoria's grandchildren), accompanied by Lord Glanusk's son, passing a line of scouts in the entrance to the Market Hall before opening a YMCA fair, September 1927.

Y Dywysoges Helena Victoria (un o wyresau Victoria), gyda mab yr Arglwydd Glanusk, yn mynd heibio rhes o sgowtiaid yn y fynedfa i Neuadd y Farchnad cyn agor ffair YMCA, Medi 1927.

Lloyd George, the Liberal leader, addressing a large audience in the Market Hall, Saturday 8 September 1923. He was given the Freedom of the Borough scroll and casket by the Mayor, Councillor E.M. Meredith.

Lloyd George, yr arweinydd Rhyddfrydol, yn annerch cynulleidfa fawr yn Neuadd y Farchnad, dydd Sadwrn 8fed Medi, 1923. Rhoddwyd rhol a chasgen Rhyddid y Bwrdeistref iddo gan y Maer, y Cynghorydd E.M. Meredith.

Mr J. Wilfred Rowlands, High Sheriff of Breconshire, announcing the result of the 2 August 1939 by-election from the steps of the Shire Hall. Mr William F. Jackson, to his left, won the seat for the Socialists by 2,636 votes. The Hon. Hanning Phillips, to his right, was the National Party candidate. Mr Jackson is reported as saying, 'I won because the country is sick and tired of the National government.'

Mr J. Wilfred Rowlands, Uchel-Siryf Brycheiniog, yn cyhoeddi canlyniad is-etholiad yr 2il Awst 1939 o risiau Neuadd y Sir. Enillwyd y sedd gan Mr William F. Jackson – ar y chwith iddo – ar ran y Sosialwyr o 2,636 o bleidleisiau. Ymgeisydd y Blaid Genedlaethol, Yr Anrhydeddus Hanning Phillips sydd ar y dde iddo. Mae'n debyg i Mr Jackson ddweud, 'Enillais oherwydd bod y wlad wedi syrffedu ar lywodraeth Genedlaethol.'

A cheering crowd in Wheat Street, celebrating Peter Freeman's Socialist victory in the Brecon and Radnor Constituency in the general election of 30 May 1929. This was presumably shortly after the result was announced the following evening. Of the two men raised above the crowd, the new MP is on the right, in the white coat; Tudor Watkins, election agent, is on the left. The victory was a narrow one: only 329 votes separated the Socialists, Conservatives and Liberals.

Torf yn Heol y Gwenith i ddathlu buddugoliaeth sosialaidd Peter Freeman yn etholaeth Brycheiniog a Maesyfed yn etholiad cyffredinol 30ain Mai 1929. Tynnwyd y llun mae'n debyg wedi cyhoeddi'r canlyniad y noson ganlynol. Y dau ddyn sydd wedi'u codi uwchben y dorf yw'r A.S. newydd, ar y dde yn y got wen, a Tudor Watkins, asiant yr etholiad ar y chwith. Roedd hi'n fuddugoliaeth glos, dim ond 329 o bleidleisiau oedd rhwng y Sosialwyr, y Ceidwadwyr a'r Rhyddfrydwyr.

Adelina Patti, the world famous opera singer, arriving at Brecon station for her wedding to Baron Rudolph Cederstrom, a 37-year-old Swede, at St Michael's Roman Catholic church, 26 January 1899. Following this marriage her lifestyle changed and lavish entertainment ceased at Craig-y-nos, her Breconshire mansion.

Adelina Patti, y gantores opera fyd enwog, yn cyrraedd Gorsaf Aberhonddu ar gyfer ei phriodas â'r barwn Rudolph Cederstrom, gûr 37 mlwydd oed o Sweden, yn Eglwys Gatholig Rufeinig Mihangel Sant, 26ain Ionawr, 1899. Yn dilyn y briodas hon newidiodd ei ffordd o fyw a pheidiodd y partïon moethus yng Nghraig-y-nos, ei phlasdy yn Sir Frycheiniog.

The presentation of a portrait to Gwenllian Morgan, 12 October 1912. She was the first lady mayor in Wales and did much good public work. She also had strong antiquarian interests and carried out research into the life of Henry Vaughan. She died aged 88 in 1939.

Cyflwyno darlun i Gwenllian Morgan, 12fed Hydref, 1912. Hi oedd y faeres gyntaf yng Nghymru a gwnaeth lawer o waith cyhoeddus. Roedd ganddi ddiddordeb mawr mewn hen bethau a gwnaeth waith ymchwil i fywyd Henry Vaughan. Bu farw yn 1939 yn wythdeg ag wyth oed.

The Proclamation ceremony, on 10 July 1888, for the 1889 National Eisteddfod in Brecon. It was held by the Gorsedd at Clos y Castell, within the ruins of the castle.

Seremoni Cyhoeddi Eisteddfod Genedlaethol Aberhonddu, 1889, ar y 10fed Gorffennaf, 1888, yng Nghlôs y Castell, o fewn adfeilion y castell.

Everyone came out to greet the troops on their return from the First World War in 1919. Here they are being led past Bowen Terrace into Free Street.

Daeth pawb allan i gyfarch y lluoedd wrth iddynt ddychwelyd o'r Rhyfel Byd Cyntaf yn 1919. Yma cânt eu harwain heibio Teras Bowen i mewn i Heol Rydd.

The 1919 carnival celebrating peace after the First World War. Here the procession passes along High Street Inferior.

Carnifal 1919 yn dathlu heddwch ar ôl y Rhyfel Byd Cyntaf. Mae'r orymdaith yn mynd ar hyd Stryd Fawr Isaf.

A church parade at the top end of Watton, 1911.

Gorymdaith eglwysig ar ben uchaf y Watton, 1911.

The grand reception in Bulwark for the Duke of Clarence on Tuesday 16 September 1890. He came to open the agricultural show.

Y derbyniad mawr ar y Gwrthglawdd i Ddug Clarence ddydd Mawrth 16eg Medi, 1890. Daeth i agor y sioe amaethyddol.

A veritable binge in the yard adjacent to the Wellington Hotel. This was the day after the visit of the Duke of Clarence to Brecon, September 1890.

Gwledd wirioneddol yn y buarth yn ymyl Gwesty'r Wellington. Dyma'r diwrnod wedi ymweliad Dug Clarence ag Aberhonddu, Medi 1890.

Captain J. Watkins, High Sheriff of Breconshire, proclaiming the accession to the throne of George V from the steps of the Shire Hall, 10 May 1910. The soldiers wore scarlet coats, which contrasted strongly with the dark mourning attire of the public – a mark of respect for Edward VII.

Y Capten J Watkins, Uchel-Siryf Brycheiniog yn cyhoeddi esgyniad Siôr V i'r orsedd o risiau Neuadd y Sir, 10fed Mai, 1910. Gwisgai'r milwyr gotiau coch oedd yn wahanol iawn i wisgoedd galar y cyhoedd – er cof am Edward VII.

Gwenllian Morgan, first woman Mayor of Brecon, planting a tree at the entrance to the railway station, June 1911, to commemorate the coronation of George V. On her right, with top hat, is David Powell, a brewer from Struet. Behind him, with wig, is Hyatt Williams, Town Clerk. To the Mayor's left is her sister, Miss Nellie Morgan. On the right of the picture, the bearded gentleman is Alderman Thomas Williams of Llanfaes; to his left is Alderman Lewis Williams, agent for the Marquis of Camden. Sadly, the tree failed to grow.

Gwenllian Morgan, Maeres gyntaf Aberhonddu, yn plannu coeden wrth y fynedfa i'r orsaf rheilffordd, Mehefin 1911, i goffau coroni Siôr V. I'r dde iddi, gyda'r het fain, mae David Powell, bragwr o'r Struet. Y tu ôl iddo, â wig am ei ben, mae Hyatt Williams, Clerc y Dref. I'r chwith iddi mae ei chwaer, Miss Nellie Morgan. Ar y dde, y gŵr barfog yw'r Henadur Thomas Williams o Lanfaes; i'r chwith, yr Henadur Lewis Williams, asiant Ardalydd Camden. Yn anffodus ni thyfodd y goeden.

A street party in Charles Street, off Watton, to celebrate the coronation of George VI, May 1937.

Parti stryd yn Heol Siarl, oddi ar Watton, i ddathlu coroni Siôr VI, Mai 1937.

A street party to celebrate the Festival of Britain, John Street, 1951.

Parti stryd i ddathlu Gûyl Prydain, Heol John, 1951.

Flags hung over Struet to commemorate a major royal event, probably the coronation of George VI in May 1937. The railway bridge, which used to be a major feature of the street, was removed in 1964.

Baneri uwchben Struet i ddathlu digwyddiad brenhinol mawr, coroni Siôr VI ym mis Mai 1937, fwy na thebyg. Tynnwyd y bont rheilffordd, a arferai fod yn nodwedd amlwg o'r stryd, yn 1964.

A huge tea party for children in the Market Hall to celebrate the Silver Jubilee of George V, 6 May 1935. Eight hundred schoolchildren, wearing their Jubilee medals, assembled at three-thirty. After tea they were treated to a gymnastic display by soldiers from the Barracks and to music from the Brecon ex-Servicemen's Band.

Te parti mawr ar gyfer plant yn Neuadd y Farchnad i ddathlu Jiwbili Arian Siôr V, 6ed Mai, 1935. Roedd 800 o blant ysgol – yn gwisgo'u medalau Jiwbili – wedi ymgasglu am hanner awr wedi tri. Ar ôl te cawsant arddangosfa gymnasteg gan filwyr o'r Gwersyll a cherddoriaeth gan Fand cyn Luoedd Arfog Aberhonddu.

HM Queen Elizabeth and Prince Philip – in the background, to her right – arriving at Brecon station at 10 a.m. on 6 August 1955, to open the bicentenary show of the Brecknockshire Agricultural Society. They were accompanied by the Lord Lieutenant, Maj. Gen. G.T. Raikes, who looks on from the right of the photograph.

Ei Mawrhydi y Frenhines Elizabeth a'r Tywysog Philip – yn y cefndir i'r dde ohoni – yn cyrraedd Gorsaf Aberhonddu am 10 a.m. ar y 6ed Awst 1955 i agor sioe dauganmlwyddiant Cymdeithas Amaethyddol Brycheiniog. Gyda hwy mae'r Arglwydd Lifftenant, Cadfridog Uwchgapten G.T. Raikes, sydd ar y dde i'r llun.

Decorations at Brecon station to greet the Queen and Prince Philip, August 1955.

Addurniadau yng Ngorsaf Aberhonddu i groesawu'r Frenhines a'r Tywysog Philip, Awst 1955.

HM Queen Elizabeth at the Brecknockshire Agricultural Society bicentenary show, 6 August 1955. Prince Philip stands on the far left. They were shown around the showground by the President of the Society, John de Winton, third from left. At one stand a Welsh mountain pony named Owain Glyndwr made determined efforts to eat Her Majesty's bouquet.

Ei Mawrhydi y Frenhines Elizabeth yn sioe Dauganmlwyddiant Cymdeithas Amaethyddol Brycheiniog, 6ed Awst, 1955. Mae'r Tywysog Philip yn sefyll ar y chwith. Fe'u tywyswyd o amgylch y maes gan Lywydd y Gymdeithas, John de Winton, y trydydd o'r chwith. Ar un stondin dyma ferlyn Cymreig o'r enw Owain Glyndŵr yn gwneud ei orau glas i fwyta blodau'r Frenhines.

Prince Charles signing his name at the Guildhall, 1969, the year of his Investiture as Prince of Wales. Cllr and Mrs T.W. Black, Mayor and Mayoress, stand on either side.

Y Tywysog Siarl yn arwyddo'i enw yn Neuadd y Dref, 1969, blwyddyn ei Arwisgo fel Tywysog Cymru. Saif y Cynghorydd a Mrs T.W. Black y Maer a'r Faeres bob ochr iddo.

The caterers, Harris's of Talybont and their team, pose for the camera during preparations for a Conservative Party rally in the Market Hall, 1920s.

Yr arlwywyr – Harris o Dalybont a'u tîm – o flaen y camera yn ystod y paratoadau ar gyfer rali'r Blaid Geidwadol yn Neuadd y Farchnad, 1920au.

A flower show in the Market Hall, 1890s.

Sioe flodau yn Neuadd y Farchnad, 1890au.

Recreation
Hamdden

Sledging in a snow-covered Watton, 1950s.

Gyrru sled yn yr eira ar y Watton, 1950au.

Brecon Fair squeezed into High Street, *c.* 1915. The cinematograph, bringing moving pictures of the war, would have been a major attraction.

Ffair Aberhonddu yn y Stryd Fawr, tua 1915. Byddai'r sinematograff, oedd yn dod â lluniau symudol o'r rhyfel wedi bod yn atyniad mawr.

A fairy bower on Barracks Square during a carnival, 1930s. Two saxophonists stand by.

Deildy'r tylwyth teg ar Sgwâr y Gwersyll yn ystod carnifal, 1930au. Mae dau sacsaffonydd i'w gweld gerllaw.

Celebrating the carnival spirit: a lively float on Barracks Square, 1937.

Dathlu ysbryd y carnifal; trol fywiog ar Sgwâr y Gwersyll, 1937.

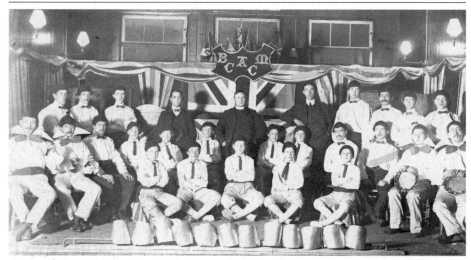

'Penny pop' night, St Mary's Church Hall off Lion Street, *c.* 1910. The vicar held these stage shows every Saturday night to keep men away from public houses. A break was taken for tea, coffee and buns, all at a penny each. Note the gas lighting.

Noson 'Penny pop', Neuadd Eglwys y Santes Fair oddi ar Heol Cantreselyf, tua 1910. Byddai'r ficer yn cynnal y sioeau llwyfan hyn bob nos Sadwrn er mwyn cadw'r dynion allan o'r tafarndai. Cafwyd egwyl am de, coffi a theisennau i gyd am geiniog yr un. Nodwch y goleuadau nwy.

Brecon Little Theatre celebrating the bicentenary of Sarah Siddons's birth at Brecon, 1955.

Theatr fach Aberhonddu yn dathlu dauganmlwyddiant geni Sarah Siddons yn Aberhonddu, 1955.

Brecon Choral Society, *c.* 1910.

Cymdeithas Gorawl Aberhonddu, tua 1910.

A large crowd of excited children at the opening of the Palace Cinema, Watton, *c.* 1913. Perry's removals business is now located in the building.

Grŵp o blant wedi'u cynhyrfu yn ystod agoriad Sinema'r Palace, Watton, tua 1913. Mae busnes symud tŷ Perry bellach wedi'i leoli yn yr adeilad.

A very respectably dressed group of children outside Brecon railway station, Camden Road, about to set off on an outing, *c.* 1910.

Grŵp o blant wedi'u gwisgo'n barchus iawn y tu allan i orsaf reilffordd Aberhonddu, Ffordd Camden, ar fin mynd ar wibdaith, tua 1910.

An ox-roast, probably at Christ College, with an expectant crowd held at bay by hurdles, 1930s.

Rhostio eidion, yng Nghleg Crist, fwy na thebyg, gyda thorf yn disgwyl yn eiddgar y tu ôl i rwystrau, 1930au.

A couple on a canal trip by punt near Brecon, *c*. 1900.

Cwpwl ar y gamlas ger Aberhonddu, tua 1900.

The Savannah Dance Band, made up of local men, played regularly around town, *c.* 1950. Left to right: Bert Capper, Tony Adami, Trevor Johns, Roland Denny, Billy Watson, Johnny Richardson.

Band Dawns Savannah – dynion lleol a fyddai'n chwarae'n rheolaidd o gwmpas y dref, tua 1950. O'r chwith i'r dde: Bert Capper, Tony Adami, Trevor Johns, Roland Denny, Billy Watson, Johnny Richardson.

Brecon Town Band, supported by players of all ages, probably at the Guildhall, *c.* 1970. The band in this form was established in April 1968. The Band Master, centre, was Glyn Idris Jones.

Band Tref Aberhonddu, yn cynnwys chwaraewyr o bob oed, yn Neuadd y Dref fwy na thebyg, tua 1970. Sefydlwyd y band ar y ffurf hwn yn Ebrill 1968. Arweinydd y Band, yn y canol, oedd Glyn Idris Jones.

The Hot Cotton Jazz Band from Memphis, Tennessee, performing in Bulwark during the first Brecon Jazz Festival, 17–19 August 1984. This was the band's first British appearance. The event was billed as 'a carnival weekend of Jazz in the beautiful market town of Brecon'. Brecon Jazz celebrated its tenth festival, now a major international jazz event, in 1993.

Band Jazz Hot Cotton o Memphis, Tennessee, yn perfformio ar y Gwrthglawdd yn ystod Gŵyl Jazz gyntaf Aberhonddu, 17eg – 19eg Awst 1984. Dyma ymddangosiad cyntaf y band ym Mhrydain. Hysbyswyd y digwyddiad fel 'penwythnos carnifal o Jazz yn nhref farchnad hyfryd Aberhonddu'. Dathlodd Jazz Aberhonddu ei ddegfed gŵyl, sydd bellach yn ddigwyddiad jazz rhyngwladol, yn 1993.

The Adamant Brass Band, a New Orleans-style marching band made up largely of musicians from south-east Wales, leading the Saturday morning street parade during the first Brecon Jazz Festival, 17–19 August 1984. They are passing the Bethel chapel arch in Lion Street.

Band Pres Adamant, band gorymdaith yn null New Orleans gyda'i aelodau yn dod yn bennaf o dde ddwyrain Cymru, yn arwain gorymdaith bore Dydd Sadwrn yn ystod Gŵyl Jazz gyntaf Aberhonddu. Maent yn mynd heibio i fwa Capel Bethel yn Heol Cantreselyf.

Members of the Brecon girls' gymnastic display team, 1892. Eight of the senior girls performed exercises on the single and double bars. The instructor – centre, back – was Mr Hawthorn.

Aelodau o dîm arddangos gymnasteg merched Aberhonddu, 1892. Roedd wyth o'r merched hŷn yn perfformio ymarferion ar y bariau sengl a dwbl. Yr Hyfforddwr – yn y canol, yn y cefn – oedd Mr Hawthorn.

Brecon Cycling Club stops for a photograph, *c.* 1890. It was formed in May 1890 at a meeting in the Royal Hart Refreshment Rooms, Watton. Mr M. Hefferman was the first Captain and Lt. Grant was the first sub-Captain. The subscription for a season was one shilling. The first trip, on the evening of Wednesday 13 May, was to Talybont; they met in Captain's Walk.

Clwb Seiclo Aberhonddu yn aros i dynnu llun, tua 1890. Fe'i ffurfiwyd ym mis Mai, 1890, mewn cyfarfod yn Ystafelloedd Lluniaeth y Royal Hart, y Watton. Mr M. Hefferman oedd y Capten cyntaf a Llifftenant Grant oedd yr Is-Gapten cyntaf. Y tâl am dymor oedd swllt. Y trip cyntaf – ar nos Fercher 13eg Mai – oedd i Dal-y-bont, gan gyfarfod ar Rodfa'r Capten.

Members of a hunt, complete with hounds, enter the Barracks, Watton, 1920s.

Aelodau o'r helfa, gyda'r cûn, yn mynd i mewn i'r Gwersyll, y Watton, 1920au.

Swimming in the River Usk opposite the boat house above the weir at Newton Pool, 1950s.

Nofio yn yr Afon Wysg gyferbyn a'r tŷ cychod uwchben y gored ym Mhwll Newton, 1950au.

A remarkable 37½ lb salmon, caught in the Usk at Brecon, is proudly displayed in a photographer's studio, 20 October 1917.

Eog anhygoel 37½ pwys, a ddaliwyd yn yr Wysg yn Aberhonddu, yn cael ei arddangos yn falch mewn stiwdio ffotograffydd, 20fed Hydref 1917.

Lord Glanusk opening the Brecon Sports Club Ground and Pavilion, next to Watton Villa, 27 May 1908.

Yr Arglwydd Glanusk, yn agor Clwb a Phafiliwn Chwaraeon Aberhonddu ger Villa Watton, 27ain Mai, 1908.

Brecon cricket team outside the new sports pavilion, next to Watton Villa, *c.* 1910.

Tîm criced Aberhonddu y tu allan i'r pafiliwn newydd, ger Villa Watton, tua 1910.

Watton Presbyterian church cricket team, 1931.

Tîm criced Eglwys Bresbyteraidd Watton, 1931.

Brecon football team, *c.* 1895. The railway station in Camden Road is behind them.

Tîm pêl-droed Aberhonddu, tua 1895. Y tu ôl iddynt mae'r orsaf rheilffordd yn Ffordd Camden.

Llanfaes Boys' Brigade Association Football Club, winners of the Adelaide Football Challenge Shield for Brecon and District, 1902–3. Back row, left to right: Revd D. Saunders Jones (committee), Sgt W. Dunn (RWF), J. Davies (Left Back), H.W. Protheroe (Hon. Sec. and Right Back), J.R. Price (Goal), A. Corbett (committee). Second row: J.L. Parry (Inside Right), J.H. Norbury (Right Half), S.C. Parry (Centre Half), W. Hargest (Left Half), W.T. Jones (committee). Front row: W.J. Watkins (Outside Right), W.G. Jenkins (Capt. and Centre Forward), E.T. Hargest (Inside Left), H. Lewis (Vice-Capt. and Outside Left).

Clwb Pêl-droed Cymdeithas Brigâd y Bechgyn Llanfaes, enillwyr Tarian Sialens Pêl-droed Adelaide ar gyfer Aberhonddu a'r Cylch, 1902-3. Rhes gefn, o'r chwith i'r dde: Parch D. Saunders Jones (pwyllgor), Rhingyll W. Dunn (RWF), J. Davies (Cefnwr Chwith), H.W. Protheroe (Ysgrifennydd Anrhyddus a Chefnwr De), J.R. Price (Golwr), A. Corbett (pwyllgor). Rhes ganol: J.L. Parry (Mewnwr De), J.H. Norbury (Canolwr De), S.C. Parry (Canolwr), W. Hargest (Canolwr Chwith), W.T. Jones (pwyllgor). Rhes flaen: W.J. Watkins (Asgell Dde), W.G. Jenkins (Capten a Blaenwr), F.T. Hargest (Mewnwr Chwith), H. Lewis (Is-gapten).

Brecon Sports Club football team, winners of the Kington Cup, 1919–20.

Tîm pêl-droed clwb Chwaraeon Aberhonddu, enillwyr Cwpan Kington, 1919-20.

Captain Stanley Francis, who at one time was mayor, presents a junior football cup, Rich Field, Watton, 1930s.

Capten Stanley Francis, oedd ar un adeg yn Faer, yn cyflwyno cwpan pêl-droed ieuenctid, Cae Rich, y Watton 1930au.

Acknowledgements

This book has been edited and largely written by David Moore. However, its preparation has involved a great deal of background work by others. Particularly important have been Malcolm Johns' local knowledge, contacts, research and advice, and Kerri Morris's location, sorting and listing of photographs and typing of a legible manuscript. All three are on the staff of the Brecknock Museum, Brecon.

Those who have donated photographs to the Museum's collection over the years are thanked. Others who have kindly lent or donated photographs especially for this publication, or for the exhibition that preceded it, are:

Brecon and Radnor Express • Brecon Town Band • Christ College
Jennifer Conway • Gerald Davies • Liz Elston • Gwyn Evans • Peter Evans
Peggy Goodwin • P. Griffiths • Mal and Paul Hayes • Alan James
Malcolm Johns • John Jones • R. Jones • A. William Leonard
Father Michael Lewis • Les Morgan • National Museum of Photography,
Film and Television • Rowland Parry • Noreen Richards • St Mary's church
bellringers • South Wales Borderers and Monmouthshire Regimental Museum
Geoffrey Sykes • Arthur Watkins • Bill Williams

Numerous people have also helped with providing information. Their contributions are all very much appreciated.

Cydnabyddiaethau

Mae'r llyfr hwn wedi'i olygu a'i ysgrifennu yn bennaf gan David Moore. Fodd bynnag mae nifer eraill wedi chwarae rhan wrth ei baratoi. Mae gwybodaeth leol, cysylltiadau, ymchwil a chyngor Malcolm Johns a gwaith Kerri Morris o leoli, trefnu a rhestru ffotograffau a theipio teipysgrif eglur wedi bod yn hynod o bwysig. Mae'r tri ohonynt yn aelodau o staff Amgueddfa Brycheiniog, Aberhonddu.

Rhoddir diolch i bawb sydd wedi cynnig ffotograffau i gasgliad yr Amgueddfa dros y blynyddoedd. Benthyciwyd neu rhoddwyd ffotograffau yn arbennig ar gyfer y cyhoeddiad hwn – neu ar gyfer yr arddangosfa – drwy garedigrwydd y canlynol:

Brecon a Radnor Express • *Band Tref Aberhonddu* • *Coleg Crist*
Jennifer Conway • *Gerald Davies* • *Liz Elston* • *Gwyn Evans* • *Peter Evans*
Peggy Goodwin • *P Griffiths* • *Mal a Paul Hayes* • *Alan James*
Malcolm Johns • *John Jones* • *R. Jones* • *A William Leonard* • *Y Tad Michael
Lewis* • *Les Morgan* • *Amgueddfa Genedlaethol Ffotograffiaeth, Ffilm a
Theledu* • *Rowland Parry* • *Noreen Richards* • *Canwyr Clychau Eglwys y
Santes Fair* • *Amgueddfa'r South Wales Borderers a Monmouthshire
Regimental* • *Geoffrey Sykes* • *Arthur Watkins* • *Bill Williams*

Mae nifer o bobl wedi bod o gymorth wrth gynnig gwybodaeth. Rydym yn gwerthfawrogi eu cyfraniadau yn fawr iawn.